岩波現代文庫

学術 50

鶴見俊輔

戦時期日本の精神史

1931〜1945年

JN276416

岩波書店

目　次

一九三一年から四五年にかけての日本への接近

一九七九年九月一三日

これから一九三一年から四五年にかけての日本精神史という主題をとり上げようとしているのですが、その前にちょっとお話しておきたいことがあります。

はじめに、言語についてです。これからお話することのだいたいは日本で起こったことなので、これから分析する思想もまた、もともとは日本語で表現されたことです。いまここ(カナダ)は別の言語が使われている国で、私はここでは日本語によりかからないでお話することを試みたいと思っています。ここでは英語だけを使って私たちの対象を理解するという規則をわれわれ共通のものとして立てたいと思います。この自分で選んだ方法は、すぐさま私を、そして私たちをひとつの困難のなかに陥れます。私はひとつこれは論理の上ではないけれども統計の上で支持できると思う信念を持っています。それは、英語を話す日本人は信頼できないということです。一九四五年から五二年までの米軍による日本占領の時代に、私は、私の出会ったアメリカ人に何度もこのことについて説明しました。

従って私としては、日本について私が何を言おうと、私の言うことについても割り引きして考えてほしいという意図をもっています。占領時代からさらに年がたって、一九四五年の日本の敗戦から遠くなるにつれて、日本語は英語の侵入を許し、そのために英語に起源をもつ言葉が、日本の日常生活に満ち溢れるという状態がいまはできています。新聞に出てくる広告などで、もう私たちは「シックなドレスのファッションショー」などという表現に出会うのはふつうのことです。この一句のなかにある日本語起源の単語は、「な」と「の」という二つのモノシラブルにすぎません。

もう一つの例をあげると、ある米国人の学者が日本語を何年も研究してから日本にきて、図書館で日本の総合雑誌を読んでいると、彼がいくら字引きを引いてもわからない、どのように想像をめぐらしてもわからない言葉に出会いました。そこでその言葉を書きとって日本の学者に聞いたそうですが、それは「ヒット・アンド・ラン」という片仮名言葉だったそうです。こういう言葉は、もとの脈絡とはちがう脈絡で使われるので日本人以外の人にはわかりにくいものです。そういうふうに外来語が日本の日常生活に満ち溢れるようになっている現在でも、先ほど申し上げた私自身の信念は、まだある程度根拠があるというふうに私には考えられます。

ヨーロッパの言葉を借りるということは、考え方そのものがヨーロッパ化するということを必ずしも意味しません。短い期間に、こんなにもたくさんの言葉をヨーロッパ語から借りることによって、現代の日本人がある意味で自分たち自身にとって理解しにくいものに変ってきたというふうにもいえます。たしかに、私たちは、私たち自身の考え方を自覚するという道筋を失ってきたという側面をもっています。

第二に申し上げたいことは、私はこの講義を、まず、戦争の年月に何が日本に起こったかということから始めて、それから日本以外の場所に何が起こったかということ、また、戦争中以外の時代に日本および日本以外の場所で何が起こったかということを理解する糸口にしたいと思っています。「転向」という言葉は日本で一九二〇年に使われ始めた言葉で、一九三〇年代に入って広く使われるようになりました。これはヨーロッパ語に起源をもつ言葉ではありません。それは日本の戦争中の年月の政治的雰囲気のなかで生まれて育ったひとつの言葉であり、概念なので、戦争中の一五年間の知的、文化的な傾向を担っています。この言葉の形成は、世界の精神史というものが考えられるとして、そのなかできわめて日本に特徴的なものだといえるのですが、しかし、この模型のなかに、世界の日本以外の国々の傾向と、それから事件とを、よりよく理解するための手がかりを見出すこともできるでしょう。この模型を通して、今日世界に起こっていることをよりよく理解するように努力することができるでしょう(1)。

第三に、文化史と精神史のひとつの方法として、標準の傾向からの逸脱と考えられるものが、かえってその社会の文化の特徴をよく表わすということがあります。一九三一年から四五年に日本に起こったことは、明治初年以来の近代日本史のなかのひとつの偶発事として消し去ってしまっていいようなものではありません。(2) それをよく調べれば、それは積極的に受け継ぐべき多くのことを教えますし、また否定すべき多くのことをも教えます。私たちはまちがいを通して成長しますし、私たちの犯したまちがいのなかに含まれている真理と価値を自覚することを通して成長します。

四番目に、歴史の区分として、私たちはここで第二次世界大戦の始まりを一九三一年に起こった中日戦争の開始と考えます。日本の陸軍指導者が一九三一年に中国の満州で戦闘を起こし、さらに進んでこの地域に日本軍の自由にできる政権を打ち立てたとき、この方法は世界にとって新しいものでした。それはそののちにイタリアのムッソリーニと、ドイツのヒットラーによって真似されました。中国東北地区に一九三一年に始まった中日戦争は、ひとつの新しい傾向の始まりとして、世界全体に影響を与えました。このようにして一九三一年から四五年にかけての日本の、世界にとっての地方史ともいうべき歴史は、日本史と世界史とを二〇世紀においてつなぐひとつの結び目となりました。(3)

第五に、私は、一九世紀に入って日本が西洋に対して国を開いたあとで、西洋諸国に広まった日本趣味についてもふれておきたいと思います。この時代に日本について書いた人たちには、バジル・ホール・チェンバレンやラフカディオ・ハーンや、またそのほかにバーナード・リーチなどがいます。そのほかにもたくさんいるのですけれども、私はこれらの人たちのなかで陶芸家バーナード・リーチが、日本について彼が青年時代にもっていた愛情を失わず、日本文化について失望を表現しなかった数少ない人の一人であるということに興味をもっています。少なくとも、同じ英国人のなかでチェンバレンやハーンと鋭い対比を示しています。それにはいく種類もの理由があるでしょう。

その理由のひとつは、リーチが早くから中国の文化と朝鮮の文化に対する親しみをもっていたということ、日本文化に対する親しみとともに中国文化・朝鮮文化への親しみがあったということがあると思います。そのために早くから、中国の文化、朝鮮の文化とともにあるものとして、彼自身の遠近法のなかに日本文化を収めてとらえていました。その故に突然にあるときから、それまで清純なものとして見ていた日本の文化が醜く見えるとか、厭うべきものとして見えるということが、バーナード・リーチにはなかったのです。

私たちが日本を朝鮮の側から見るとき、日本のいやな面が見えてきます。私たちが日本を中国の側から見るとき、日本の浅薄な面が見えてきます。ほかの国からきた研究者が日本を、日本滞在の経験だけから研究して、その上で朝鮮と中国とに彼の目を向けるときには、彼は日本文化に失望することを余儀なくされるでしょう。もちろん、外国人が日本についてただ異国趣味というだけの理由で興味をもつとすれば、その場合には、その人の趣味や見方は、もともと彼が生まれついてそこで育った国のものをそのまま保っているために、その場合には日本文化に接触することは、もともと彼がもっていたさまざまの価値が日本文化の形をかりてもとのまま固定する状態にいつもおかれるわけで、それならば、あるときに突然に失望が訪れるとか、重大な修正を余儀なくされるとかいうことはなしにすむということもあるでしょう。しかし、もしもうひとつの国の文化との接触を重大なものと考えて、彼自身のもともと育った文化の価値体系のなかにその異国の文化の異質な価値を織り込んでいくということを目ざすならば、そういう人にとっての日本文化との接触の仕方としては、日本文化を、朝鮮文化、中国文化、そしてそのほかのアジア諸国の文化とともに見るような遠近法のなかにおいてとらえる方が安定した像を作りやすいでしょう。これは日本を朝鮮・中国と結びつけて理解するという空間の枠組みに関する提案ですが、これと対照して、時間の枠組みにかかわることをつけくわえますと、いまの日本を理解するために、その背景として一九三一年から四五年までの、長い戦中の年月の日本を背景としておくということが大切であるように思います。

主題に対する私の接近方法をその欠点の側からはっきりさせておきたいと思います。この講義のなかにはさまざまの欠落が、資料についても、また解釈の上にもあるだろうということを、つねに注意しておいてください。

まず、資料についていえば、現代史では必要な材料を網羅して検討するという厳密な基準に達することはむずかしいのではないでしょうか。現代史にひきくらべて、もっと昔の時代の歴史ならば、厳密な基準を守ることができるのかといえば、その厳密な基準を守ることができそうに見えるのは、実は必要な資料が、その多くがすでに消滅してしまったという理由によるものです。中世史ならば現代史にくらべて完璧な研究であるという体裁をもつことは、いくらかやさしいでしょう。しかし、それが中世史の実状とくらべて完璧なのかといえば、そこには疑わしさがつきまとっています。だが、残っている資料だけからいえば、今残っているものを読みつくすということはできるかもしれませんし、そのようにしてなされた記述をくつがえしにくいという状況は、現代史におけるよりも、つくりやすいでしょう。だが、現代史の場合には、文化史・精神史を含めて、そのようにくつがえしにくい状態をつくりえたという自己満足をもつことさえむずかしいことです。

材料の解釈の方法についても、そう簡単に合意に達することができるわけではありません。現代の出来事についてどう解釈するかは、どういう偏見を私たちが抱いて暮らしているかによって異なります。この避けがたい解釈の多様性を私たちとしては尊重し、またはっきりと見据えなければいけないでしょう。この講義では、いまわれわれに見えるかぎりでの必要な事実についての大まかな見取図をつくってみましょう。そしてその際に、実際の報道に違いがある場合には、その違いについても忘れることなく記録していくことにしましょう。そして報道されたことだけでは十分ではない、従って、報道されなかったことで重要なことがたくさんあるということを覚えておきたいものです。その重要なことについての報道はこれから現われるかもしれない。また今後の報道のなかにさえもけっして現われない重大なものが残っていくであろうということも、心におくことにしましょう。

このように材料についても、また解釈の方法についても、実にたくさんの穴があいているということを自覚し、更にあるときには両立しがたい解釈が、きわめて疑わしい、また不十分な材料の上に立てられているということを、そのまま見据えて、ひとつの現代史の共通の絵巻物をこれから描いていくことにします。そういう努力をすることによって、ともかくも私たちにとって活発な議論の機会が現われることを望みます。

（1）太い線で話をすすめるために、私は、よりどころとなった研究の出典を略した。そのいくらかを、これから書く注で補うことにする。
転向についての私の記述は、思想の科学研究会編『共同研究・転向』上・中・下(平凡社、一九五九―六二年)に負うところが多い。この改訂増補版(平凡社、一九七八年)は、共同研究のメンバー各自による視点の訂正、新資料の評価をおこなった。増補版に対する批判が、この講義に出ている学生によってなされ、まず英文で書かれ、後に日本文で発表された。この批判によって、私は多くを教えられた(辻信一「転向論の新しい地平」上・下、『思想の科学』一九八一年五月号、六月号)。

この批判は、筆者が生活している在カナダのアジア人少数民族の間から転向体験をとらえたもので、転向研究の底に可能性としてあったさまざまの視点をはっきりと取り出してみせた。

思想の科学研究会の共同研究に先行する仕事に、本多秋五『転向文学論』(未来社、一九五七年)があり、これと同時にすすめられて私たちに衝撃を与えた仕事に吉本隆明「転向論」(『芸術的抵抗と挫折』未来社、一九五九年)がある。

(2)　一九三一年から四五年の戦争時代を日本の近代史にとってあまり大切でない逸脱の時期と見るか、近代日本を理解する上で大切な時期と見るかは、現代日本論の一つの争点となる。違う関心をもってのぞむ人は、ここで違う道をとる。

一九六三年に、その頃私のつとめていた同志社大学でライシャワー米国大使を招いて討論会を開いたことがあり、その時、なるべく日本の軍国主義時代を見まいとするライシャワー大使の考え方に対して、いくらかの異論を述べたことがある。米国の支配層の見方と、日本の支配層の見方は、この点で、一致していることを感じた。この時の記録は、オーティス・

ケーリ、エドウィン・ライシャワー、猪木正道、坂田吉雄、鶴見俊輔「日本の民主主義——過去・現在・将来」(『日米フォーラム』一九六三年六月号)に出ている。

(3) 私のこどもの頃、満州事変が始まった、上海事変が始まった、日支事変が始まった、大東亜戦争が始まったというように、ばらばらに、ニュースが伝わってきた。そのために、主観の側からとらえると、それぞれバラバラの戦闘行為が起こったようにうけとってきた。それでは変だと思うようになったのは、敗戦後のことで、ひと続きのものとしてとらえるほうが事実に(私の意識上の事実ではなく)あっていると思うようになった。

そのように考えているところに、小さなことをとりあげて恐縮なのだが、当時の圧倒的なベストセラーとなった遠山茂樹・今井清一・藤原彰『昭和史』(岩波新書、一九五五年)の帯に、われわれはわずか三〇年の間に二度の戦争を体験したと書いてあったので、昭和史のとらえかたとしてはこれでは困ると思った。この『昭和史』の内容ではなく、帯についての批判を、「日本知識人のアメリカ像」(『中央公論』一九五六年七月号)に書いて、一九三一年から四五年にわたる戦争を一つのものとして名づける方法を現代史にのぞみたいと述べた。

「十五年戦争」という呼び名を自分で考えたのは、シグムント・ノイマン(一九〇四―六二)著、曾村保信訳『現代史——未来への道標』(原著、一九四六年、日本語訳、岩波書店、一九五六年)が三十年戦争という言葉を二つの世界大戦の合間の期間をふくめて使っているのに示唆を受けたからである。「十五年戦争」という言葉は、いくらか使う人がいるようになった。家永三郎『太平洋戦争』(岩波書店、一九六八年)は、序文に記してあるように、十五年戦争という区切り方をとっている。

なぜ十五年戦争と呼ぶかというと、「日本知識人のアメリカ像」で書いたように、太平洋戦争あるいは大東亜戦争をアメリカに対する戦争とみなして、この部分はまずかったというふうにとらえる戦争観では、この戦争の構造をとらえることができないと思うからだ。これでは、日本人にとっての戦争の責任がぼかされてしまう。

いま調べてみると、「十五年戦争」という言葉をはじめて使ったのは、「知識人の戦争責任」(『中央公論』一九五六年一月号)で、その発想のもとを説明したのが、そのあとの「日本知識人のアメリカ像」(『中央公論』一九五六年七月号)だった。

転向について

一九七九年九月二〇日

転向の背景についてまずお話しましょう。一九〇五年の日露戦争の終りは、日本にとって新しい時代の始まりでした。一八六七年に新政府がつくられてからほとんど四〇年のあいだ、日本の国民は文明のハシゴ段——もっともそういうハシゴ段があるとしての話ですが——を登っていく、いかなければならないという使命感のもとに暮らしてきました。それは日本人についてだけ言えることではなくて、どの国民にとっても似たような何か架空の存在があって、それが国民の想像力のなかに長期間にわたって働き続けるということはよくあることではないでしょうか。そういうものとして、明治時代が始まってから、文明のハシゴという架空の存在が日本国民の想像力のなかに働き続けたと言えるでしょう。対露戦争を推し進めていき、そして敗北なしにそれを終らせたやり方は、ナポレオンをもヒットラーをもしのぐ政治上、また軍事上の事業でした。私たちはこのような事業の背後に国家を指導する力のある人がカジをとっていたということを推定することができます。

鎖国の政策をやめて開国に踏みきり、またそれまでの徳川政府の封建制度を倒して、新しい国家の政策をつくって以来、封建制度上の身分によって人の値打ちを判断するというやり方とは異質の新しい見方が育ってきました。徳川政権打倒の運動に加わった青年たちのあいだでは、彼らが自分たちの属している藩の境をいったん越えたならば、というのは脱藩して越えるわけですね、それ以後は彼らはお互いを平等な同志としてつき合っていくという暗黙の前提がつくられていきました。藩政府の絆から自らの意思によって自分たちを切り離した侍たちは、彼ら自身を同志と考えるようになりました。この脱藩浪士たちのあいだに現われた同志のつき合いは、脱藩することをせずに、藩の内部に留まっていた、より多くの同じ目的に身を捧げる同調者たちのあいだにも、相似た気分をつくっていきました。

徳川政府に反対する運動のなかで、たくさんの人たちが捕えられ、たくさんの人たちが殺されました。この運動が進んでいるあいだには、誰が生き残って新しい政府の指導者になるだろうなどということはわかりません。運動の創唱者たちは実際に権力の移動が行われる前に、ほとんどすべて殺されています。吉田寅次郎、橋本左内、坂本竜馬、高杉晋作などです。これら亡くなった先輩の構想を実現して、徳川幕府のあとに新政府を立てた人たちのうち、最も重要だとみなされた西郷隆盛、大久保利通、木戸孝允もまた、明治維新から一〇年ほどのうちに亡くなっています。西郷は失敗した叛乱ののちに自殺をしました。大久保は暗殺され、木戸は鬱状態のなかで病死しました。明治維新当時の重立った指導者のなかで岩倉具視だけは生きのびて、明治初年代を通じて有力な政治家として活躍しましたが、彼を例外として、ほとんどの重立った指導者たちは、明治維新から一〇年ほどのうちにすべてこの世から去ったということができます。しかし、倒幕の運動のなかでかもしだされた同志としてのつき合いは、明治時代に入ってからも、彼らのうちの最良の部分がすでに死者となっているという鋭い自覚とともに、しばらく残っていきます。

この謙虚な自覚は、西洋諸国の植民地にされないように、みんないっしょになって日本を守っていかなければならないという共同の意識と結びついて、生き残った跡継ぎの日本の指導者たちにある程度勤勉で、ある程度質実な性格を与えました。彼らは懸命に西洋文明の方法を学ぼうとしました。日露戦争のさなかにあってさえ、日本国家の指導者たちは、国家の直面している状況について冷静な判断力を失わず、その故に、彼らは日本の国力と英米諸国民の共感が尽きないうちに、ロシアとの戦いをすばやく終らせなければいけないという国家の必要を忘れませんでした。彼らは、彼らがロシアを負かしたなどという幻想によって彼ら自身を騙すことはしませんでした。指導者のあいだにこの共通の自覚があったからこそ、陸軍と海軍の最高司令官たちは、内閣に日本にとってほんの名目上の利得だけをもたらす程度のすばやい講和の締結を許しました。指導者たちは戦時にかもしだされた世論の動きに背いて決断することを恐れませんでした。明治維新からというよりも、幕末から日露戦争までにわたる指導層の気分についてここでふれたのは、明治の日本の指導層と、それを受け継ぐ大正、昭和の時代の日本の指導層との対照をはっきりさせたいからです。いまここで日露戦争中の日本の政治および軍事の指導層の特徴としてあげたさまざまのことは、昭和の十五年戦争が始まる前に消えていました。

日露戦争の終ったあとで、そのときまでに生き残っていた明治維新以来の新政府の指導者たちは、いまや彼らが西洋先進国に追いついたという見方をとって、緊張を和らげました。彼らは自分たちを華族とし、公侯伯子男というふうな爵位を自分たちに与えてお祝いをしました。日露戦争中の陸軍次官ぐらいですと、それは男爵になれる。軍司令官ですと子爵、陸軍大臣ですと伯爵になれるというぐらいの考え方でした。彼らのうち最上の人たちはすでに死んでいました。明治の初期に懸命な働きをした指導者たちは、その何人かが肉体としてはこの頃まで生き残っていたのですが、それはかつてのジキル博士の皮膚のなかに別人のハイド氏がいまは棲んでいるというような状態においてでした。肉体の中身にあるものはちがう人格であったといえます。彼らのその後の努力は、明治維新についての物語をとりまきに繰り返すということで、繰り返すうちに物語のなかで占めた彼ら自身の姿が、さらにさらに偉大なものになっていきました。実用として見れば、それは貴族階級の階段をさらに登っていくための彼らの方法として役に立ちました。

一九四五年の日本の敗北に続いて後悔の時代というものがしばらくありました。そしてその後悔が終ったとき、日本の世論は古い時代の制度を一つ一つ呼び戻すことを求めました。その呼び声のなかで名指されなかった古い制度というものはほとんどありませんでしたが、明治以後、敗戦まで続いた華族制度というものは、わずかな例外の一つでした。これまでの戦後三四年間に、華族制度を復活せよという社説だとか、投書の類が新聞に出たということを、ひとつも思い出せません(1)。明治以後につくられたこの身分制度があまりいい働きをしなかったからということについて、少なくともこの一点については、戦後の全期間を通じて世論の一致がありました。

これに反して、明治半ばからつくられたそれとは少しちがう身分制度については、つまり学校の入学試験制度に基づく身分制度のことですが、それは最近の何度にもわたる学生の抗議にもかかわらず、いまでも国民から広く支持されているように見えます。この入学試験制度というものは、もともとは中国の試験制度を真似て日本でつくられたものです。ただし、明治以前にはこの入学試験制度が、日本のあらゆる階層の人々に開かれていたということはありませんでした。試験制度が学校教育と結びつき、そして社会のすべての階層に対して開かれたというのは明治以後のことです。そしてこの理由のために、今日の日本では、試験制度とそれに基づく学校制度への信仰が広く分かちもたれています。

明治以前においてもかなり広い規模で初等教育は既に行われていました。明治のはじめには、男性人口の約四〇%から四五%と女性人口の一五%とが読み書き能力をもち、また、算術についての実際的知識をもっていたといわれます。それは徳川時代の教育が明治時代に残した遺産でした。この種類の教育は民衆の日常生活と結びつくもので、選抜試験と結びつくものではありませんでした。(2)

明治以後、新政府は教育制度を明治以前のものの延長として構想するのではなく、欧米をお手本とするまったく新しい教育制度を工夫しました。彼らはすべての学校の頂上に東京帝国大学をおき、何度かにわたる選抜試験を通り抜けさえすれば、国民の誰でもがそこに入学できる望みをもてるものとしました。それは国民全体の向学心を刺激し、日本に西欧文明をもたらすための有効な手段となりました。

ロナルド・ドーアが『学歴社会』(一九七六年、邦訳一九七八年)で書いているように、日本の政府の役人は、一八八〇年に早くも試験制度によって選ばれるようになっていました。その頃には東京帝国大学法学部の卒業生たちはこの試験を免除されており、履歴のそもそものはじめから官吏として高い役職に登る保証を得ていました。そういう制度は産業にも影響をもちました。一九一〇年までに政府のものではない私企業のきわめて多くが、大学卒業者からのみ新入社員を採るという習慣をもつに至っています。新聞社もまたこの習慣に従うようになりました。この点では日本は、産業革命の発祥の地であるイギリスよりも先進国となりました。

おなじくドーアのあげている例ですが、一九五五年になりますと、『日本紳士録』にのっている人のうち七〇％が大学卒業生、あるいは専門学校卒業生です。イギリスでは同種の人名録を見ると、一九五八年に企業の重役のうち二一％だけが大学卒業生でした。イギリスの主要な会社の最高責任者二〇〇名のうち、二四％だけが大学卒業生、あるいは専門学校卒業生だったということです。

日露戦争の終結以後に始まった時代以来、日本の官僚、産業界、報道企業の諸領域において、その指導層は大学卒業生によって占められ、その中心は東京帝国大学法学部の卒業生でした。この事情は一九三一年に始まる十五年戦争の敗北によっても変らず、その後の米軍による日本占領によっても変りませんでした。

いままでお話したことは、東大新人会の重さを理解するために必要なことです。一九一七年に起こったロシア革命は、日本の大学生に大きな影響を与えました。そのあくる年の七月二三日に、第一次世界大戦後のコメの値上がりに対する抗議として、米騒動が起りました。それは日本の首都から遠い地方にはじまり、そこから大都会に広まりました。それは政治家によって計画された抗議行動ではなく、地域民衆のおこした自発的な抗議行動でした。米騒動は民衆の力の表現として広く日本人自身によって認められ、その意味において、日本の新しい時代の始まりとなりました。

むずかしい入学試験制度が日本にあるために、官立高等学校への入学試験に合格した青年は(官立高等学校を卒業するとそこから帝国大学に入学することはむずかしくなかったので)、それはもはや帝国大学へと進む資格を得たわけですから、やがて日本の未来の指導者になることを約束されていると感じました。一八歳ぐらいでその段階に達するのです。少し誇張していると思われるかもしれませんが、実際にそうで、旧制高等学校に合格した一八歳の日本の少年は、自分の人生全体の競争の最もむずかしい部分はもう終ったと感じました。そしてそのあとには、さらに六年間まだ学校生活が残っているのですが、その時間は、日本の未来の設計図を描くために費やすことができました。ロシア革命と米騒動は、この期間に身をおく若い人たち(高校生、大学生)の構想力に大きな影響を与えました。

ちょうどこのころ、日本で民主主義思想の代表的な論客と考えられていた東京大学法学部の政治学教授吉野作造は、右翼運動の指導者と並んで演壇に立って話をするようにという挑戦状をもらいました。このとき吉野自身の安全が危ぶまれるような空気がありました。ところが、その公開演説会の当日、会場に集まった聴衆はその多くが大学生たちで、はっきりと吉野に対して共感を示したので、暴漢たちは教授を脅すことができませんでした。吉野の学生たちは、日本に新しい歴史の波が現われたと感じました。

演説会からちょうど半月たったころ、それはロシアの十月革命から一年と一カ月あとのことでしたが、赤松克麿、宮崎竜介、石渡春雄の三人の東京帝国大学法学部の学生が新人会を創立しました。それは一九一八年一二月のことです。その綱領は赤松の起草したもので、つぎのように述べます。

一、吾徒は世界の文化的大勢たる人類解放の新気運に協調し之《これ》が促進に努む。

二、吾徒は現代日本の合理的改造運動に従ふ。

この運動は東京帝国大学からほかの大学へと広まりました。そしてさらに、二、三年ののちに一人前の帝国大学学生になるはずの青年のいる、高校に広まりました。(3)

学生たちの運動は、しばらくのあいだに、彼らの先生の唱えた穏やかな民主主義の原理を超えるものになりました。吉野作造は民主主義の原則をいかなる社会の文化習慣のなかにも含まれている規範として考え、その故に世界のいかなるところにも働いているものと考えました。いわゆる文明諸国だけでなく、文明諸国と呼ばれない国々においても働いているものと考えました。この故に吉野の考え方は、東大新人会会員の考え方とはちがいました。

その時代の日本で、吉野は貴族院の廃止と統帥権の廃止のために努力しました。もしこの目的が実現されたとするならば、それは植民地に派遣されている陸軍部隊の指揮官たちが、選挙によらずして国会議員となっている人たちの支持を得て、開戦の宣言のない戦争に乗り出すような可能性を前もって除外することができたでしょう。

吉野作造のもっている穏やかな実際的な目標は、学生運動のイデオロギー本位の基準からすればあまりにも穏やかすぎる無意味なものに見えました。東大新人会の会員たちは、社会主義政党と労働組合と結びつきました。あとになって会員の一部は共産党員となりました。これらの新人会会員は一九二〇年代は、軍国主義の興隆の可能性を絶ち切るために共同戦線をつくるという課題に興味をもちませんでした。吉野は、東京大学教授の職を離れたのち、明治文化の形成に影響のあった重要な記録を復刻するという事業を組織しました。

そのうちに新人会の創立者と創立当初の会員たちは、社会主義運動から離れて国家社会主義に向かいました。新人会創立者のひとり赤松克麿は一九二二年に日本共産党に入党しましたが、その後、共産党から離れて、一九三〇年には社会民衆党の書記長になりました。

このときから彼は国民の利益を守るものとしての天皇の役割を説くようになります。この考え方は満州事変が起こったときにはそれを正当化し、満州国がつくられたときにはそれを正当化することへと彼を導きました。彼はすでに国策として決まった中国侵略の道と両立するような民主化と社会主義化の道を日本について求めました。

もうひとりの新人会創立者である宮崎竜介は、太平洋戦争に先立つ時期に、中国国民党をなだめて、日本政府と協力する道をとるように説得しようとして、工作しました。彼は内閣総理大臣だった近衛文麿公爵の密使として活動しました。

新人会の初期会員の一人だった麻生久は、一九三〇年代の社会党の有力な指導者として、労働組合の指導者と国家社会主義への傾きをもつ革新将校との結びつきをつくる働きをしました。ほかの初期会員のなかでは佐野学が重要です。彼は二七歳のときに東京帝国大学の卒業生として東大新人会に加わりました。一九三三年には四一歳の彼は、日本共産党の委員長で、また共産党の最高の指導者でありながら、同じく中央委員会の委員である鍋山貞親と獄内から共同声明を出して、転向を発表しました。(4)

佐野学と鍋山貞親は、彼らのそれまでの主張である天皇制廃止、植民地化された諸民族を含むすべての民族の自治の必要、そしてその論理的帰結として、満州事変についての日本政府の政策に対する反対という、これまでの立場を撤回しました。彼らはソビエト・ロシアのくびきから自らを解き放ち、天皇と彼によって代表されている文化的価値への十分な尊敬をもって、一国社会主義を発展させるつもりであると述べました。

彼らの共同声明はすぐさまに大きな効果をもちました。声明が発表されたのは一九三三年六月七日でしたが、それからひと月のうちに、共産党関係者で未決囚の三〇%(一三七〇人のうち四一五人)、既決囚のうち三四%(三九三人のうち一三三人)が政治上の立場を変えました。(5) 三年ほどのうちに既決囚のうち七四%(四三八名中三二四名)が転向を声明し、それは、非転向の立場を守るものは二六%(全受刑者四三八名のうち一一四名)となりました。(6)

共同声明のひとつの重要な特徴は、日本共産党の最高責任者である佐野学が、その党籍を離脱するという申出をすることなしに、それまでの立場を否定する声明を起草したことでした。共同声明の発表に伴う混乱と激怒のなかで、共同声明のこの特徴は人の注意を引きませんでした。しかし、それは東大新人会の隠れた論理をよく表わしており、最もむずかしい入学試験を乗り越えたばかりで人民の指導者になるように民主的、かつ公平な方法で選ばれたと感ずる一八歳の少年の心性の枠組みにぴたりと合っています。そのような方法で一度、指導者に選ばれたものは、彼の心の底においてどのようにその政治上の意見が変ろうとも、指導者であり続けるという信念をもっています。その追随者のなかから現われた反応もまた、結果としては彼らの指導者の暗黙の前提を受け入れたことを示しています。

佐野・鍋山の共同声明が発表されたあと、転向という言葉はその時代の流行語となりました。この言葉は民衆の日常語の一部として取り入れられるようになりました。ただし、この言葉には、このように広く使われるようになる前に前史がありました。明治社会主義者の生き残りの一人である山川均は、「無産階級運動の方向転換」という論文を雑誌『前衛』(一九二二年七月八月合併号)に発表して、前衛分子は無産階級、大衆のなかにかえらなければならぬと説きました。山川の意見では、前衛分子は人民大衆の日常生活のなかの部分的な要求や、特殊な要求を掲げての闘争にもっと敬意をもたなければいけないというのです。これに対して、ドイツでマルクス・レーニン主義を研究して日本に戻ってきたばかりの少壮教授である福本和夫は、山川の理論は折衷主義であって、山川の唱える方向転換はそれ自身方向転換されなければならないと批判しました。福本の理論によれば、共産主義者は自らの思索の法則を自覚し、同時代の社会に対して行動できるようにそれを転向せしめるべきだというのです。この方向転換が縮められて「転向」という言葉を産み出しました。それは人間が彼自身の思索過程を自覚して、彼自身の思想水準にふさわしい新しい方向をそれに与えることを意味しました。そういうものとしてこの意味での転向以前の思想

とは、社会の慣習に従って動いていく惰性による思想ということになります。(7)

学生のあいだで流行語となったこの意味における「転向」が、治安維持法に基づいて不穏な言動の取り調べにあたっていた思想警察によって取り上げられることになりました。治安維持法は一九二八年に改正公布されたものです。思想警察は急進派の大学生の考え方を変えていく技巧を工夫して、転向のための技術を説く手引きの本を出版しました。転向は、投獄と拷問だけによってもたらされるものではありませんでした。池田克検事の書いた本によりますと、警察署長は、留置場から彼自身の署長の部屋に逮捕者を呼び出し、署長自身のイスに坐らせ、彼自身のポケットマネーからお金を出して、親子丼を外の店からとってやるべきだということです。親子丼というのは卵と鳥肉が丼のなかのごはんの上にのっているもので、親と子の関係を連想させます。食べているあいだに政治思想などのことについては何もいわないようにすべきだと書いてあります。ただ、きみのお母さんが心配しているよなどといえというのです。父親のことはあまりいってはいけないそうで、父親のことをいうとかえって学生に権威に対する反抗心をつのらせるそうです。転向誘導術の手引きの本はこんなふうに進んでいきます。こういうふうに誘導技術にさらされた青年は、それまでは福本和夫の定義による転向の道を進みつつあったわけですが、それまでのように自らをその信ずる政治思想の体現として考える道から離れて、彼の上部構造である

イデオロギーがとけていって、思想警察の定義するもうひとつの転向のわだちに入りました。(8)

転向に対するもう一つの条件となったのは、日本の人民大衆が満州事変を熱狂をもって迎えたことです。彼らの身をすりへらしての献身の対象であった人民が、彼ら自身の信念にまったく反対の目標を支持していたのです。そのときに彼らの感ずる人民からの孤立の感情、隣近所の人々と彼ら自身の家族からの孤立の感情は、彼らに転向を決意させました。(9)一九四二年に警察のつくった統計によりますと、これは一九四三年に政府部内の秘密刊行物に発表されたのですが、転向の理由について転向者自身が述べた動機はつぎのように分類されています。信仰上二・二一%、理論的矛盾の発見一一・六八%、拘禁による後悔が一四・四一%、家庭関係二六・九二%、国民的自覚三一・九〇%。(10)

一九三〇年代以後、日本の日常語の語彙のなかに入って広く使われるようになった「転向」という言葉のおおよその歴史はそういうものでした。その主要な意味は、国家権力のもとに起る思想の変化であるということができます。その現象には二つの側面があります。一つは、国家が強制力を用いるということです。もう一つは、個人、あるいは集団が、圧力に対して彼、あるいは彼ら自身の選択によって反応するということです。強制力が働くということと自発性があるということが、この現象にとって二つの欠くことのできない側面となります。記述の導きとなるそのような定義によって、私たちは一九三一年から四五年までの日本に起こった転向を、ある程度、価値判断から自由に記述することができるでしょう。(11)

この転向の概念は、一連の同類語から区別される必要があります。まず転向という言葉――これは国家によって強制された思想変化ということとだいたい一致するものと私は理解します。この場合に働く強制力とは、まず国家の強制力ということです。つぎに改心、これは個人の選択と決断による思想変化です。イデオロギー変化、これはイデオロギーの変化の仕方に主に関心をもって同じ現象を研究する場合に呼ばれます。離脱、これは同じ事件を、同じ現象として党派との関係において研究した場合に呼ばれます。

転向を研究するとき、穏健な自由主義から熱烈なファシズムに立場を変える人などは、注意されにくいということがあります。私の考え方からすれば、この種の変化は日本の戦時の思想史の研究において落としてはいけない重要な意味をもっており、転向として研究すべきだと思います。きょう私がとりあげたのは、共産党の関係者ですが、それはその人たちについて話したのは、軌跡がはっきりしていてわかりやすいからで、他の思想からの転向の例についても、これから触れるつもりです。

裏切り――この言葉ははっきりとけなし言葉としての連想をもっています。ある人が自分のもとの同志を警察に密告するというようなときに使います。そういう場合に、これは裏切りだというふうにいうことができるでしょう。しかし、もし私たちが一九三一年から四五年に日本に起こった転向現象全体に「裏切り」というこの呼び名をつけ悪としてかたづけてしまうならば、私たちは誤謬のなかにある真理を掬い出すという機会を失うことになります。私が転向研究に価値があると考えるのは、まちがいのなかに含まれている真実のほうが、真実のなかに含まれている真実よりわれわれにとって大切だと考えるからなのです。もし、真実のなかの真実というようなことが実際にあればという話ですが。まちがいのなかの真実をもっと注意深く定義するとすれば、私たちがまちがいを通して得ることのできた真理への方向性の感覚ということになりますが、それこそ私たちにとって実際に役に立つ真実の核心をなすものであると思います。

私は自分に対してつぎのような問題を繰り返し問いかけます。長い人生を生きて転向を通り抜けないものがあるだろうか？　この人々を転向へと導いた条件は何だろうか？　彼らの転向を彼らはどのように正当化しただろうか？　戦争を通り抜けたあとで、転向を振り返ったときに彼らはどのように考えただろうか？

これらの問題は、私たちが一九三一年から四五年にかけての日本を研究するときに重要な問題であると私は思っています。

（1）　華族制度についての戦後の日本人の一致した世論について、私は、葦津珍彦から教えられた（葦津珍彦「尊皇攘夷とは？」、鶴見俊輔編『語りつぐ戦後史』思想の科学社、一九六九年）。葦津珍彦『時の流れ』（神社新報社、一九八一年）は、敗戦以来、同氏が『神社新報』に書き続けた時評を集めたもので、その中には、華族制度にふれて、戦後七年の世論を集約した次のような文章がある。

「明治憲法の支柱たりし社会条件の中で解消したものの、最も著しい一例は華族制度であらう。明治憲法の議会制度は貴衆両院制度の上に築かれてゐたが、華族制度の前提なくしては貴族院は成立し得ない。然し、終戦後において所謂斜陽族の実相を知つた国民は、到底華族の復活に同意しないであらう。その他等々の社会条件の変化は、いかんともしがたい。憲法改訂当時に明治憲法の長所を強く認めてゐた人も、今日においては条文そのままの復活を主張するのではなくて、その長所を復活して新しい構想のものを制定しようとする外にないであらう」（「講和発効後の難問題、憲法全面改定論の予想」一九五二年四月七日号）。

（2）　R・P・ドーア『学歴社会・新しい文明病』（ジョージ・アレン・アンド・アンウィン、一九七六年、日本語訳、岩波書店、一九七八年）。明治以前についてはその前著『江戸時代の教育』（キーガン・ポール、一九六五年、日本語訳、岩波書店、一九七〇年）。

（3）　東大新人会については一九六九年一月一九日に約九〇人の旧東大新人会会員があつまって新人会創立五〇周年を記念した会合の語録が出ている（石堂清倫・竪山利忠編『東京帝大新人会の記録』経済往来社、一九七六年）。

他に米人の歴史家ヘンリー・D・スミスが「資料のJungle——新人会を追跡する」(『労働資料』一九六八年一月号)を発表し、思想の科学研究会編『共同研究・転向』所収の私の論文「後期新人会員」(上巻)にふれて、この中に出てくる五五人のうち少なくとも一四人は新人会会員ではなく、二人ははっきりしなかったと、自分の調査に基づいて述べた。この調査に基づく彼の著書はHenry Dewitt Smith II, *Japan's First Student Radicals*, 1972. として出版され、翻訳が出ている(『新人会の研究——日本学生運動の源流』松尾尊兊・森史子訳、東京大学出版会、一九七八年)。

(4) 佐野学・鍋山貞親らの共同声明が、「自分の転向と党の転向を同一視するという指導における病理を露呈した」ことを、藤田省三は次のように述べた。

「二七年テーゼの支持者として、それの責任ある実行指導者として活動を始めた彼らが、転向して後もなお、党を指導しようとするとは一体何事であるか。彼ら個人の転向自体は、彼らの自由であるが、転向の仕方・転向形態は今まで彼らが立っていた公的立場に制約されねばならない。彼らはまず、転向と同時に指導的地位の辞任がなければならなかった。またそれに次いで恐らくは脱党届の提出がなければならなかったであろう。その後に始めて天皇制社会主義運動の綱領を発表すべきであった」(藤田省三「昭和十五年を中心とする転向の状況」『共同研究・転向』中巻、平凡社、一九六〇年)。

(5) 内務省警保局編『昭和九年度に於ける社会運動の状況』(一九三五年)。

(6) 池田克「左翼犯罪の覚書」(中央公論社編『防犯科学全集』第六巻『思想犯篇』一九三六

年)。

(7)「転向」という言葉の誕生については、藤田省三「昭和八年を中心とする転向の状況」(『共同研究・転向』上巻、平凡社、一九五九年)による。

(8) 池田克・毛利基共著『思想犯篇』(『防犯科学全集』第六巻、中央公論社、一九三六年)。池田克(一八九三―一九七七)は東大法学部卒業後、一九一七年司法官補となり司法省刑事局長を経て、四六年七月大審院次長検事の職を戦後公職追放されるまで思想検察畑の中枢官僚として活躍した。戦後は弁護士を開業。一九五四年一一月最高裁裁判官に任命され六三年退官(『現代人物事典』朝日新聞社、一九七七年による)。

(9) 転向の要因としての大衆からの孤立に、吉本隆明の転向論は光をあてて、すぐれた分析をくわえた。吉本隆明「転向論」。

(10) 司法省保護局『思想犯保護対象者に関する諸調査』(『司法保護資料』第三三輯、一九四三年三月)。

(11) 本多秋五「書評　思想の科学研究会編　共同研究『転向』上」(『思想』一九五九年七月号)。

この書評は、思想の科学研究会の転向研究が、これまでのように転向を悪とみなす価値判断から自由になったことを通して得た新たな視力を評価し、同時に、そのようなとらえ方によって失った視力があることをあわせて指摘した。

辻信一「転向論の新しい地平」は、身体についての自己意識(アジア人の二世・三世の)という視角を含んでいる。同じく身体論から転向をとりあげて、思想の科学研究会の共同研究に欠けている部分をはっきりさせた議論に松本健一「転向論の基軸とは何か——鶴見理論と吉本理論にふれて」(『現代の眼』一九八一年三月号)があり、市川浩、津村喬、菅孝行のとりあげている文脈に転向論をおく。『現代の眼』のこの号は、菅孝行、松本健一、岡庭昇、中島誠、いいだ・もも、笠井潔、高橋敏夫の参加を得てシムポジウム「現代転向論は可能か」の討論記録をのせている。

鎖　国

一九七九年九月二七日

二、三日前に本屋でカナダの地図を買ってきました。これは私が見慣れている日本の地図とずいぶんちがうのでびっくりしました。このカナダの地図はジオグラフィック・インターナショナルという会社で出版されているもので、おそらくカナダではどこでも買える普通の地図のようです。ですから皆さん方カナダ人にとっては一向に珍しくないものだろうと思います。

私がこの地図でびっくりしたのは、この地図の主な部分、いちばん大きいところに刷ってある部分がカナダ全体を出していないことなのです。東北の部分についてどこでカナダ領が終るのか、その境い目まで示していないのです。普通にポケットに入れて持ち歩ける程度の地図にとっては、カナダは大きすぎるのかもしれません。だが、もし日本人と同じような考え方をもっているカナダ人がいて、その人がカナダの地図を出版したとするならば、その人は少し縮尺の度合いを進めて、カナダ全体が入るような地図の構成にしたと思うのです。

もう一ついまここにあるカナダの地図の特色は、下のほう、つまり南方部分について国境がはっきりと示してあることです。この国境線というのは日本人がもっていないものなのです。日本人はふつうには国境を越えたという体験をもっていません。

日本人は保証された自分たちの土地にいつも住んできた、住み続けてきたという感じをもっています。その保証された土地のなかでは、たとえば国境の外にいくとすれば覚悟しなければならないような、外国人が突然に襲いかかってくるかもしれないという恐れから自由であるという、そういう感じです。それは日本人としてのふつうの体験の暗黙の前提の一つになっており、日本人の考え方のなかの日常生活でははっきりと表現されていない前提の一つであるように思われます。日本人の考え方のその側面を私たちは鎖国性といっていいように思います。

国土として土地を保証されているという感じとは別に、文化について考えますと、日本人は日本が世界のより進んでいる、より普遍的な文化から、遠く隔てられているという意識を抱き続けてきました。それは日本人の心の無意識の部分に深く植えつけられた一種の劣等感としてあり続けてきました。それはまた日本人のあいだに発達してきた好奇心と学習能力の原因になったものであり、その故に外部世界からやってくる新しいものを吸収する衝動となってきました。

日本は中国のより普遍的な文化のへりにおかれ、その中国文化ははじめ朝鮮を通して日本に伝えられました。もう一つインドの普遍的な文化は中国を通って日本に渡ってきました。最後にヨーロッパのもう一つの普遍的な文化は一五四三年にポルトガルの難船者が日本の種子島に鉄砲をもたらしたころに伝わってきました。

こういう状況は大道芸の世界にも反映しています。平安時代以来私たちは太夫・才蔵の一組による歌と踊りと話の伝統をもっています。この一組はそれぞれの年のはじめに宮廷を訪れて、これから始まる新しい年がさまざまのよいことをもたらすであろうという予言をしました。それからこの一行は、彼らのお得意先の家々を訪れて同じ種類の芸を披露しました。もっと時代があとになると、この芸能は滑稽味を帯びるようになって現在に至っています。日露戦争以後の時代に入って大衆社会状況が日本に生じ、それに応じて大衆文化が新しく編成されてから、この太夫・才蔵という万歳師の組は舞台に立つようになり、またレコードやラジオやテレビジョンを通して、今日の最も人気ある娯楽番組の一つとなりました。これはそれぞれ複合の人格としての「太夫」と「才蔵」のあいだに、一〇〇〇年以上にもわたって取り交わされてきた長い対話芸であると考えることができます。

その起源は記録された歴史以前にさかのぼることができます。折口信夫の切り拓いた民俗学的国文学研究によれば、日本の芸能の最初の形は身分の高い客を招いて宴会が開かれたときの余興にはじまるそうです(1)。そのような宴会で披露された即興芸は、遠いところからやってきた身分の高い客人と、文化的洗練を受けておらずその故に作法知らずの土地神との出会いをもとに繰り広げられました。そこで衝突あり、対立があった上で、遠来の客人である神が土地神に対して優勢となって終るという筋書きです。その筋書きは当時の中央政府と土地の豪族とのあいだの関係に対応しています。中央政府から派遣されてきた知事たちが、中国風の文章を書く術にたけ中国の古典に教養をもっているということと考え合わせると、この種の対話のなかに輸入された中央文化と土着の地方文化の出会いを見ることができます。日本での形式の整った文化は避けがたく輸入文化であり、形式からはずれた日常の文化は土着文化です。両者の出会いの場面において、よくしゃべるほうは輸入文化の代表者で、口数の少ないほうは土着文化の代表者です。流暢に話すほうは宮廷風の装束を着飾った端正な人物であり、黙しがちでありときどき断片的な相づちを通して表現するほうの人物はその土地の衣裳を着ています。やがてしかめっ面をした男のお面ができますが、それはもともとは土地神の役を務めた人がかぶったものだそうです。しかめっ面の面はやがてひょっとこの面にうけつがれます。ひょっとこの面というとわかりにくいかもしれません。私はイギリスの旅行案内の本で、もっとも動きのある顔立ちをした男というコンテストに勝った英国人の写真を見たことがあります。この人は総入歯を取りはずして、彼の顔をゴムのように柔らかくした上でしかめっ面をして見せていました。この写真は日本の宗教上の儀式で見られる踊りのひょっとこのお面を思い出させます。

論理の一貫性をもって他人を説得しようとするものは、輸入文化の脈絡に基づいて話を進めます。相手の心の底にある気分に訴えようとするものは、土着文化の脈絡において話を進めることを通して説得の目標を達しようとします。荒っぽくいえば、この二分法は、日本の精神史と文化史を一〇〇〇年以上にわたって生き続けています。

一〇〇〇年とびまして、いまの私たちの主題である戦時日本の思想史に戻りましょう。伊藤整は優れた知性主義派の作家で、一九三〇年代には、ジェイムズ・ジョイスなどの西欧の心理主義文学の影響を受けた詩人、小説家、批評家として知られていました。この人は、プロレタリア文学を代表する小説家で逮捕されたのちに拷問を受けて亡くなった小林多喜二と同じ学校に行きました。伊藤自身は注意深い性格で左翼政治にかかわらないように注意を払っていました。彼はジェイムズ・ジョイスやマルセル・プルーストの影響を受けて、意識の流れの形式をとって書く新心理主義の技巧をもつ小説を書き、この実験を中日戦争が続くなかで続けていきました。しかし米国との戦争が起ると、彼は一九四一年一二月に「我が知識階級——この感動萎《な》えざらんが為に」というエッセーを新聞に発表し、そのあくる年に「戦争の文学」という評論を同じく新聞に発表しました。(2)

「我が知識階級——この感動萎《な》えざらんが為に」において、彼は英語の教師をしていた時代に英国人と米国人を日本において真似をして半生を費やしてきたあいだに、心にたまった劣等感にはけ口を与え、いまやこのような劣等感を追い出すことができると述べています。「戦争の文学」においては彼は人間そのものなどというのはいない、日本人とかアメリカ人とかがいるだけだと主張しています。文学は日本人やアメリカ人として人間を描くべきであるというのです。これら二つの国の国民として描くべきだという訳です。戦争が終ってから伊藤整はゆっくりと戦後の敗北感のなかから自分を回復し、戦時中の彼の文学上の仕事の愚かしい側面についての自覚を育て、一九五八年の『氾濫』を頂点とする大作をつぎつぎに書きました。『氾濫』は主人公の社会的地位が上がるにつれてその考え方が変ってくるありさまを映す、戦後の時代に見合った一種の転向小説です。戦争が終ってから伊藤は『チャタレイ夫人の恋人』というD・H・ローレンス原作の小説を日本語に訳し、この翻訳の故にわいせつ罪で裁判にかけられました。結局彼は有罪になりましたが、その裁判闘争のなかで彼は、その時代の人々に受けいれられるようなスタイルによって現存秩序を批判することが人間には可能であるという演技の理論を編み出すことに成功しました。彼は、無秩序に憧れる生命、社会の構成員全体を政党の中央委員会の命令のもとにおこうとする組織、その両者の対立の図式をもって文学の生態を分析しました。このような図式を心において、彼は明治以後の日本文壇史を書き続けましたが、この長編の完成を見ずに亡くなりました(3)。

伊藤整の生涯と著作を通して、私たちは自由主義の転向の一例を見ることができますし、またその戦後時代における転向からの回復の過程において古代からの大道芸のよみがえりを見ることができます。

あるときには実りあるものとして、あるときには不毛なものとして過去一〇〇〇年以上にわたって引き続き日本人の心のなかに働き続けてきた文化上の劣等感については、いちおうここまでに留めておきましょう。もっとはっきりとした政治の領域に目を移しますと、国家としての孤立ということに基づく鎖国性という問題に行き当ります。

日本の長い歴史において外国勢力から侵略を受けたということがあります。それは一二七四年と一二八一年の蒙古の侵略です。日本人の歴史のなかでこの一〇〇〇年にわたる期間、外国人の侵略を受けたのはこの蒙古の九州上陸作戦と、一九四五年の連合軍による沖縄上陸作戦の二度だけです。一〇〇〇年間にこれら二つの例があるだけです。ポーランド民族やドイツ民族の歴史にとっては、人々の記憶の無意識の部分にその国境を越えての外国人の侵略への恐れが今日に至るまでに蓄えられてきたのにくらべれば、日本人にとって外国人から侵略されるという恐怖は十五年戦争の末期を除いて、それほど強いものではありませんでした。

周りを海に取り囲まれているということは、大地の上に引かれた国境線によって囲まれているということとはずいぶんちがうことです。周りが海に取り囲まれているということは、自分たちの民族としてのまとまりがそのために努力をすることなしに、自然からの贈物として受けとられるということです。ここにいる人々が同じ言語を話し、同種の身振りの記号体系によって結びつけられているということは、この島々に住む人々が全部遠い親戚であるかのような感じをもたせます。鎖国という政策は一六三九年に完成したとはいってもわずかな通路をオランダ人、中国人、朝鮮人に対して残しておいたのですが、その鎖国令は、それまでにすでにあった日本人の自己完結性をその後の二〇〇年間にさらに強めるという働きをしました。一八五四年になされた開国は、この自己完結性の性格を取り除きはしませんでした。それは今日も日本民族の主要な特徴の一つとして残っています。たとえば、名高い自由主義経済学者、小泉信三の戦時日記にこの事情はよく現われています。

この日記は『海軍主計大尉小泉信吉』(文藝春秋、一九六六年)という彼の息子の伝記のなかでその著者である小泉信三自身によって引かれているものです。それは小泉信吉が戦死したあとで、その生涯の記念として戦後に出版されました。太平洋戦争中のある日、小泉信三はこの戦争がもたらした災厄について書いています。この戦争で山本五十六海軍大将が亡くなった、多くの海軍士官が亡くなった、兵士が亡くなったというふうにいろいろと戦死者をその身分によって区別して書いているのですが、彼の想像力は日本人という境界を越えることがその私用の日記においてすらありません。これは小泉がその若い日に英国と米国とで勉強した国際的な視野をもつ経済学者として知られているという事実とくらべ合わせると、注目すべきことです。日本の敗北のあとで彼は皇太子の教育上の助言者となり、実業家の娘である平民と皇太子との結婚を構想して、このことによって戦後の民主主義時代にふさわしく皇室を再設計しました。その結婚式にはテレビジョンによって広く人々が参加できるようにし、日本のふつうの市民の家庭生活の雰囲気に皇室を近づけました。マスコミュニケーションによって広く報道されたこの結婚式を演出することを通して、小泉信三は戦後のすべてのオピニオン・リーダーをしのぐ大きな影響を日本人に対して与えました。彼は日本の皇室を欧米の舞台に結びつけました。しかし戦争という危機のなかに投げ込まれると、戦前と戦後とに国際的視野をもっていた日本人もまた、日本の外に暮らし

ている人間の姿を見失いました。(4)

加藤周一はライシュとリフトンとの共著『日本人の死生観』(岩波新書、一九七七年)で、四十七士のよく知られた歴史上の事件を通して日本文化の性格を例解しています。その四十七士は彼らの主君の死の原因をつくった貴人を殺すことによって旧主の恨みを晴らしました。この事件は一七〇二年に起り、その後のほとんど三〇〇年のあいだに何度も舞台にのせられ、また寄席で語り継がれ、また小説に描かれ、さらにまた映画につくられて今日に至っています。加藤の診断によりますと、この侍集団の指導者は優れた知性の持主であり、その想像力は、はじめに考えた旧主のために復讐をするという計画を実現するということにすべて捧げられています。その集団の目標は運動のはじめに立てられたまま固定しています。集団そのものの知性もまた、いかにしてこの集団のまとまりを保ちつつ、いかにして当初の目的に向かって進むかに向けられており、当初の目的をつくり直すことには一度として向けられたことがありません。(5)

四十七士の物語が三〇〇年にもわたって人気を保ち続けてきたということは、それが日本人の憧れに合うからでしょう。四十七士と同じように、明治以後の日本人は政府の掲げた理想に合わせて文明の階段を登っていくよう努力しました。日本人の経験したこれまでのところ最後の戦争においても、彼らは一度始まった戦争の目的を批判することなくその目標に向かって最大の努力をしました。そしてその戦争が敗北に終ったのちにも、この時に目標をたてなおすと、再び日本人は政府が自分たちの前に掲げた経済的繁栄というその目標に向かって努力を続けました。日本人の知性は戦争が泥沼のなかにはまり込んだときに、すでにはじめに掲げられた目標をつくり直すということのためには用いられませんでした。

　四十七士の行動を語り直した芝居の名前は「忠臣蔵」と呼ばれています。加藤周一が忠臣蔵症候群と呼ぶ症状は、鎖国性というもっと一般的な日本文化の特徴に由来する症状でもあります。

　鎖国性という日本文化の特徴は、転向の過程にも影響を与えました。というよりも、転向の過程そのものが鎖国性という文化上の特徴に由来しているところが多いというほうがいいかもしれません。名古屋区裁判所検事長部《おさべ》謹吾《きんご》は国家権力の立場から転向誘導に参加した人で、一九三七年に四五〇ページにもわたる長文の報告書を発表して、その結論として転向を担当するようになるまで検事自身が個人主義的自由主義者であって、いまや獄中の左翼急進主義者を転向に誘導することを通して、検事である彼自身が真の日本人の立場に達することができたと大著を結んでいます。これまでの自分の思想上の尺度がここで取り替えられなければならないと彼は述べました。この検事は投獄された国家批判者を転向へと強制するのですが、その人自身がそのなかで転向を為し遂げます。このことは部分的にはその当時の左翼運動の指導者たちの多くが、その当時というのは一九三〇年代の前半のことですが、東京帝国大学の学生であったか卒業生であったかの経歴のある人たちであり、その何人かは法学部出身者でもあったわけで、検事その人と同じ場所で育ってきたという事情にも由来します。訴追する人と訴追される人とはかつて一ツ釜のめしを食べた人でした。両者は同じ学生時代の言葉を共有しており、その同じ言葉を通して思想を交換することができました。(6)

拷問があったということも事実です。そのために亡くなった人たちがいます。しかし、同じ時代の隣国中国にくらべますと、日本での刑罰は、訴追されたものが公けに転向を誓った場合にはきびしくはありませんでした。検事を含めて官僚の全体が、陸軍の圧力のもとに、美濃部達吉の唱えた自由主義による天皇機関説から美濃部以前の法学者たちの唱えた天皇主権説へと憲法の解釈において転向を為し遂げつつありました。

転向誘導は日本の支配層の側からするずるい知恵の行使の一例として見ることができます。また現象としてだけとらえるならば、支配層の温情のしるしとして見ることもできるでしょう。同時に明治以前からの日本の伝統の延長線上で解釈することもできます。

守田志郎は『日本の村』(朝日新聞社、一九七八年)で中部日本の村の生活を分析して、それぞれの村人がその畠を広げるために近所の人たちにいっぱい食わそうとしたりするけれども、その相手を村から追い出そうなどとはしないという側面に注目しました[7]。村人の大多数の目から見て変っていると思われるような信念をもつ人に対しても、その肉体そのものまで破壊してしまうというような努力はなされません。村落生活のこの側面は、多数派のやさしさを示しているというだけでなく、少数派の側からよりをもどす努力の可能性をも示しています。この村の伝統のなかには、戦争中においてさえ働いていた異議申し立ての方法を見ることができます。戦時を通じて反乱と反抗の例はほとんどないといってよいのですが、生活のほとんどすべての側面にわたって異議申し立ての例を見つけることはできます。

日本文化のもっている鎖国性は、東大新人会が海外から輸入した言葉と思想によって日本を改造しようと試みたときに、対面せざるをえなかった手強い相手でした。

一九三五年に中野重治の発表した『村の家』という小説は、作者にとって彼自身の転向が何を意味したかについてのなまなましい記録です。主人公は獄中において転向声明に署名し、釈放されてから日本海沿いの農村にある父の家に帰ってきます。その父は農民であり息子のような大学卒業生ではありません。彼は渋い顔をして息子を受けいれます。おまえが捕まったと聞いたときから、わしはもう、おまえは死んだものと思ってきたと言います。息子のことはすっかり諦めていた。それでもおまえは生きて帰ってきた。自分で勝手に選んだ信念のために死ぬこともできないぐらいなら、書くことはやめるべきだ。この父親の意見に対して主人公は答えます、「よくわかりますが、やはり書いてゆきたいと思います」。拷問と禁錮にもかかわらず、主人公は彼の属する組織の秘密を官憲にブチまけたり彼の同志や友だちを裏切ったりするところまで屈服するということはありませんでした。検事に対して彼は以後政治活動をしないということを誓いましたが、しかしそれでも彼自身の思想上の立場を撤回するということはありませんでした。それは彼の為し得たぎりぎりのことでした。

主人公の父親にとっては、それでは十分ではありません。息子は一人の指導者として数多くのあとについてくる人たちをつまずかせたのだから、もともとの活動方針を守り続けるかあるいは死ぬかして、息子の呼びかけに応えてこれまで苦悩に耐えてきた多くのより若い人々への償いをすべきだ、と父親は考えています。息子の政治上の信条であるマルクス主義とはまったく無関係に、それが、一農民である父親の立場からみて、まともな人間のすることであると考えられています。このまともさの感覚が村の生活をこれまで保ってきた力です。このようなまともさの感覚だけでは足りないところもあります。高まりつつある軍国主義に対して一歩後退しつつ抵抗線を築こうとしている息子の慎重な政治上の計算などは、父親のこのまともさでは推し量ることができませんでした。

中野重治は書き続けました。太平洋戦争の時代に入ると、その著作は治安を乱すものと考えられ、彼はまた逮捕されました。太平洋戦争の時代に入ると、彼は新聞や雑誌から完全に締め出され、勤め人として暮らしを立てるほかありませんでした。しかし戦時を通じて彼が発表することのできたわずかの著作は、極端な軍国主義に対して異議申し立てをしようとする日本のふつうの市民のもがきと結びついています。戦争が終ったとき、中野は、転向を拒絶し獄中に留まった少数の人々を中心として再建された日本共産党にふたたび入党しました。しかしそのときにも彼は、実質においては戦時政府の跡継ぎとなった敗戦直後の政府に対して、保守的な土着の伝統にそって異議申し立てを続けるという戦争中の姿勢を捨て去ることはありませんでした。敗戦後の一九四七年に発表された『五勺の酒』という短編小説は、中学校の校長を務めた田舎の老人のもっている古風な感情に、はけ口を与えています。この老人はいまの天皇(昭和天皇)をなまみの人間として生きているひとりの人と見て、生涯親しみをもち続けてきました。この自然の親しみから、田舎に住むこの老人は、いまや政治のクビキから天皇を解き放って一人の人間として彼が生きられるようにと望んでいるのです。

その後中野重治は、東大新人会を描いたもっと長い小説を書きました。これは『むらぎも』という題で、「むらぎも」というのは日本の古い詩歌の伝統にある枕詞で、それは心についてのさまざまの思いを誘い出す前ぶれとなる言葉です。主人公は、作者自身がそうであったように、東大新人会の会員で、同じように新人会員である東大生を訪れます。この人は子爵の息子です。その邸で、年とった女中がなまぬるいお茶を出したということで友だちがその女中を叱った。その友だちの感情をこめない冷たい叱り方に、主人公は何か自分のなじめないものを感じるとともに、自分の心底に流れるものとは別の感情と思想があることを感じとります。同じ政治思想を支える別の感情の流れ。主人公はまた名高い青年教授の講演会に出たときのことを思い出します。その青年教授は福本和夫という実在の人物によく似ている人で、福本は左翼の指導者たちの思想を浄化するために、人民と真実の結合をする以前にまず急進派知識人が人民から分離すべきであるという理論を唱えていました。この講演者の風貌は主人公には魅力のあるように感じられたのですが、聴衆のなかにいた大学生が講壇上の彼に向かってドイツ語をひいて質問すると、青年教授はこれもまた何かドイツ語の術語を引いてその質問に答えました。そのときのことを思い出すと突然に雷と稲妻の記憶が主人公に戻ってきます。子どものころ主人公は農村のほかの子どもたちと同じように、そういう稲妻が稲に実りをもたらすのだと信じていたのでした。彼は自分の同志である大学生たち、新人会員たちに向かって、これがおれの哲学なんだ、おれは汎神論(これは今の言葉で言えばむしろ物活論、アニミズムにあたるでしょう)を信じているんだと叫び出したいような気持になります。

中野自身はおそらくそんなふうに新人会で叫ぶだけのあつかましさをもっていなかったでしょう。しかし、東大新人会員としてすごしたその青春の日々を振り返りつつ、作者はそのころの自分の心を打ち割って、同じ新人会員としての思想がその底につかっている彼自身の心中の無意識の伏流に光を当てたいと思ったのでしょう。輸入された用語は人々を心の底から動かす力をもっていません。それらの言葉が人を動かす力を得るためには、その社会の昔からの伝統のなかに移され育っていくことを通して新しく生まれ変らなければなりません。そのような苛立《いらだ》ちを青年時代の中野重治は、すでにもっていたのでしょう。その苛立ちに十分の表現を与えることができたのは、三〇年たってからでした。この『むらぎも』という小説を書くことを通して、中野は、彼が戦争中の一九三五年に転向と釈放の直後に書いて発表した『村の家』で見出した新しい方向を、さらに推し進めたと言えます。(8)

さてそこにもう一つ問題があります。鎖国性という日本文化の特性は、日本が農業国であり、いまほどの人口を抱えていない時代に育ち、また続いてきた特性です。しかしいまや戦争が終り、とくに六〇年代の高度成長を迎えて、二〇代の青年のなかで農業に従事している人の数は一九六五年以後には七%に落ちており、労働人口の多数は工業とサービス業の領域に移ってしまいました。日本文化の特性となってきた鎖国性は、短い期間に消されてしまうということはないでしょう。その鎖国性は状況が刻々もたらす新しい難問に直面します。鎖国性が日本文化の主要な傾向であるあいだは、それによっては日本は今日日本のもっている問題と効果的に取り組むことはできないでしょう。東大新人会員たちはこのような新しい状況の困難を自覚していたと言えますが、彼らがその課題と取り組む方法においては十分な洞察力をもっていたとは言えません。日本の未来についての洞察力に欠けていただけでなく、彼ら自身の未来への洞察力にも欠けていました。

(1) 折口信夫『日本文学啓蒙』(朝日新聞社、一九五〇年)。『折口信夫全集』第一二巻(中公文庫、一九七六年)。

折口の仮説をさらにひろく資料と照しあわせて確かめた仕事が、池田弥三郎『日本芸能伝承論』(中央公論社、一九六二年)である。

日本の芸能、ひいては上代の文学が、宴会でのかけあいに起源をもち、その原型は、今日も日本の多くの場所や祭りの中に痕跡をのこしていることは、折口の著作のさまざまのところでくりかえし説かれている。

(2)　対米英の宣戦の詔勅をきいたあとの伊藤整の感想。
「そして、そのことを、私は、地下室の白い壁の凹みによりかかりながら、突然全身に水をかけられたように覚《さと》る思いであった。そうだ、民族の優越感の確保ということが我々を駆り立てる、これは絶対の行為だ、と私は思った。これは、政治の延長としての、または政治と表裏になった戦争ではない。大和民族が、地球の上では、もっともすぐれた民族であることを、自ら心底から確信するためには、いつか戦わなければならない戦いであった」(伊藤整「我が知識階級——この感動萎《な》えざらんが為に(1)」『都新聞』一九四一年一二月一四日)。

伊藤整の仕事を低く見せるために、この一文をひくのではない。ジョイスやローレンスの翻訳、評論集『新心理主義文学』(一九三二年)と長編小説『典子の生き方』(一九四一年)によって、知性主義者・自由主義者として戦前にひろく知られ、記録小説『裁判』(一九五二年)、長編小説『氾濫』(一九五八年)によって日本の代表的知性としてゆるがぬ評価を得たこの人が、対米英の詔勅を聞いた時に、鎖国性のわなにおちて、このように戦前・戦後の著作とまったく別の思想を表明したことに、日本の知識人の軌跡を見る。

こうしたことは、大正時代の知識人には予想されていなかったし、高度成長期の今の知識人にも予想されてはいない。
(3)　伊藤整(一九〇五—六九)、一九五二年から書きつがれて未完に終った『日本文壇史』は、瀬沼茂樹によって補筆され、刊行されている。講談社。
(4)　小泉信三『海軍主計大尉小泉信吉』(私家版、一九四六年、文藝春秋、一九六六年)。

(5) 加藤周一『日本文学史序説』(『加藤周一著作集』第五巻、平凡社、一九八〇年)。
　忠臣蔵映画の分析を通して、日本人論を日常語のみ使って試みた先駆的な仕事に佐藤忠男『裸の日本人』(光文社、カッパブックス、一九五八年)がある。この著者には後に『忠臣蔵——意地の系譜』(朝日選書、一九七六年)があり、より正確な考証がなされているが、前著には、忠臣蔵のみを資料として素人の立場からの社会学を素手でつくる意気ごみが見られて、一つの壮挙だった。

(6) 長部謹吾《おさべきんご》「思想犯の保護に就て」(『司法研究』第二一輯一〇、司法省調査課、一九三七年三月)。
　長部謹吾(一九〇一—九一)は、一九二五年東大法学部を卒業、日本興業銀行をへて、二六年司法官試補となり、裁判官としての道をあゆむ。戦後は最高検察庁次長検事、最高裁判事を歴任した。

(7) 守田志郎(一九二四—七七)の著書『日本の村』(朝日新聞社、一九七八年)は、はじめ『小さい部落』という題名で一九七三年に朝日新聞社から発行された。

(8) 中野重治(一九〇二—七九)、福井県生れ。四高をへて東大文学部を一九二七年に卒業。全日本無産者芸術連盟(ナップ)創立に参加。一九三一年共産党に入党。一九三四年、共産主義運動から身をひくことを条件に出所。小説『村の家』(一九三五年)。一九四五年一一月日本共産党に再入党。小説『むらぎも』(一九五四年)。一九六四年、除名。

国体について

一九七九年一〇月四日

鎖国性という文化上の特徴は、国体という、一九三一年から四五年の日本の政治史のなかで大いに用いられた概念よりももっと根源的なもので、この国体という概念は鎖国性という文化上の特徴の延長線上において理解することができます。この国体という概念は、いまの長い戦争時代において日本人の政治上の位置を攻撃したり、あるいは防禦したりする上での強力な言語上の道具として用いられました。

この言葉は一九四五年に日本が敗北するとともに、日本を占領した米国によって始められた新しい政治上の議論の流儀に呑み込まれて、見えなくなってしまいました。しかし言葉などというものにかかわらず、その機能(つまり、かつてその言葉によってになわれていた概念)は、隠れた形でその後現在までの日本の政治のなかに生きて働き続けています。

「国体」という言葉の起源は吉田寅次郎と山県大華の往復書簡のなかに見出されています。(1) 吉田はこの言葉を日本民族に特有な推進力を指すものとしてとらえました。彼の論敵となった山県大華は、日本民族のなかにそういう特有のものを認めず、世界のそれぞれの民族は同じような推進力をもっており、その故に国体なるものは別に日本だけにあるものではないと申しました。吉田の国体という概念は、日本民族の受け継いできた伝統としてとらえることができますし、そのように解釈をすれば、私たちはこの概念を実証の光のもとに検証することのできるなにごとかとして受け入れることもできるでしょう。ただしこの概念のその後の歴史は、そのような発展の方向をとりませんでした。明治維新以後、国体は日本国の現政体、日本国の現在の政治秩序に特有なるものを意味するように使われました。ですから、この言葉は現在の日本の政治秩序を輝かしいものに見せ、現在の秩序を太古以来変らずに続いているものとして過去に向かって投影する役割を果たしました。日本における最も古い書物でいまも残っているものは『古事記』で、この本は天皇家の先祖が天から降りてきた成り行きを語り継いでおり、その話にのっとって、国体とは神々以来けっして絶えることのなかった一系の天子の家系を中心として、天皇の家系に対する信仰をその中核としてもつものと理解されるようになりました。

私はいまここで国体という概念の歴史について橋川文三の記述に従って話を進めることにします。橋川によれば、明治憲法の発布に先立って、その主任設計士であった伊藤博文とその専任の助手であった金子堅太郎とのあいだに起った論争は、かつてこの国体という概念の起源となった吉田寅次郎と山県大華とのあいだにあった対立を復活させました。伊藤は国体というのは日本国に限られた特有のものではないとし、ほかの国々においてもそれぞれあるものだと主張しましたが、金子は国体は国家の根本的な構造に引き戻してそれだけとして考えられるべきものではなく、それは日本に特有の何かであると主張しました。戦争中の日本においては、ここで金子のとった主張こそが日本政府が正統のものと認めた立場であり、それ以外の解釈の余地は残されていませんでした。

十五年戦争の始まるまで、日本の教育体系は二つに分かれて設計されていました。小学校教育と兵士の教育においては、日本国家の神話に軸をおく世界観が採用され、最高学府である大学とそれに並ぶ高等教育においてはヨーロッパを模範とする教育方針が採用されていました。日本の指導者となることを期待されている人々は、国際的な大海においてこの国のカジをとって進めるために十分な知識をもつ専門家として訓練されなければなりませんでした。そういう区別を明治日本の設計者はもっていました。

明治の設計者の観点からすれば、日本人は一つの国家宗教の密教の部分と顕教の部分とのそれぞれの信者として別々に訓練されるべきでした。それがこの新国家のもともとの建築技師たちが、鎖国状態から由来するさまざまの日本の困難と取り組む工夫でした。彼らは国際的権力政治の荒波のなかでこの国家のカジをとるにあたって、この仕事を明治以前以来の家族制度と村の制度の強い結合力を損うことなくやり遂げようと考えました。この目的のために彼らの新しく発明した家族国家を、天から降りてきた万世一系の天子の系列という神話の上にしっかりとのせようとしました。しかしそれだけでは十分ではないと彼らは思ったので、若い未来の指導者と考えられる人々に対しては、西欧諸国の同時代の指導者となるべき人々と太刀打ちできるような教養と技術とを与えるように訓練することを考えました。

新国家のもともとの設計士たちのうち、あとあとまで生き残った人たちは日露戦争以後の時代に元老と呼ばれるようになりました。彼らはやがてもうろくしていったのですが、彼らのうちある人たちは、幕末の時代に彼らが経験した危機の感覚を彼らの若い後継者たちになんとかして受け継いでもらおうと努力しました。彼らはその後継者たちが国家宗教の密教の部分を十分に理解した上で、その顕教の部分を指揮することを期待しました。元老たちの最後の人は公卿出身の西園寺公望公爵で、この人は一九四〇年に亡くなりましたが、いまいった点での彼の期待は彼の後継者となった近衛公爵によって裏切られてしまいました(2)。

元老を含んだ重臣層は、議会や官僚機構に対して責任を負う何かの公的地位をもっているというわけではなしに、天皇と直接に話のできる人々であったので、重大な問題についての決断に際して意見の対立が起ったときに、それを隠す一種の屏風の役割を果たしました。だが彼らの役割は青年将校の登場とともにだんだんに有効性を失いました。青年将校たちは統帥権という特権によって、軍部機構を通して、天皇に対して彼らの圧力を用いるようになりました。こうして一九三一年から四五年という時代は、重臣層が屏風に隠れて行う働きがあまりなされなかった時代です。ただしこの戦争の終りに近い一九四五年なかば近くになって、それほど年をとっていない準重臣層というべき人々、つまり明治国家のもともとの設計士たちほど年をとってはいないが、明治維新の時代にあった危機感を受け継いで明治初期に育った人たちが、法律上の位置とかかわりない不定型の集団をなして、ひそやかな身振りと内緒話の交換を通して軍事機構の指導者を後退させて、老人たちの忠告に耳を貸すような古手の退役軍人を引き出すことに成功しました。戦争時代の最後の首相の鈴木貫太郎(一八六七―一九四八)は日露戦争当時の水雷戦隊の指揮官であり、その後天皇の侍従長として仕え、一九三六年二月二六日には軍事独裁への妨げをなすものとして青年将校に撃たれて重傷を負うた人です。彼は一九四五年四月に首相に任命され、日本国が降伏を受け入れるように導きました。はじめは彼は国体を護持するために努力すると声明し、このことによって民衆に最後までこの戦争を戦い抜くことを期待させ、また彼とともに働く側近の少数の人たちに対しては、この日本国が徹底抗戦以外の方法によって護持されるであろうことを期待させました。そしてポツダム宣言を受け入れる決断をしてから、彼は国体は護持されたと新聞に対して声明しました。国民全体に対してと彼の仲間に対してとの彼の働きかけ方のなかに、国家宗教の密教部分と顕教部分との使い分けの見事な例を見ることができます。

国家宗教の密教の部分はヨーロッパ文明の強い影響を受けていました。明治維新からまもない一八七一年に新政府はこの機構の指導者階層を二つに分けて、そのどちらかといえば若いその故に学習能力をもつ部分をヨーロッパと米国とに送って西洋の制度を勉強させました。一〇六人の高級官僚をいちどきに海外に送り出すというのは、貧しい後進国にとってとてもお金のかかる冒険であったにちがいありません。その当時の日本は深刻な経済上の困難に悩んでいたのです。派遣団はそのころ四一歳で新政府の最高の権力者であった岩倉具視に率いられ、その仲間は当時三八歳だった木戸孝允、同じく当時三八歳だった大久保利通を含んでいました。ということは、いわゆる維新の三傑と呼ばれる三人のうちの多数派を含んでいたわけで、維新の三傑のうち日本国内にとどまったのは西郷隆盛一人で、この人はやがて欧米派遣団の帰国ののちに政府に対する内乱を指導して、いまや新政府の要所を占めるに至った帰朝者たちによって採用された欧風化政策に対する彼の反対を表明します。派遣団はまだそのころ三〇歳だった伊藤博文をも含んでおり、この人はやがてヨーロッパ風の内閣制度が政府によって採用されたあとで日本最初の内閣総理大臣となり、立憲君主国としての日本の主任設計士となります。

高級官僚の派遣団は西洋諸国の技術の発達とその能率から深い印象を受けます。彼らはまたその能率のある統治組織を推し進める宗教および倫理の信条をもうらやましいものと感じました。この故に彼らは能率の高い技術文明を支える力として、日本の神道の伝統を模様替えして取り入れる流儀を採用しようと考えました。こうして天皇崇拝は、日本においてそして日本だけに栄えるものになる技術文明の殿堂の思想的土台として据えられることになりました。

このように構想された政府製造のイデオロギー思想形態のなかで、皇室にまつわる伝説はつくり替えられていきます。日本最古の本である『古事記』を読むと、私たちはここに天皇とその先祖である神々が何度もまちがいを犯し、世俗の動機からお互いを牽制し合ったり、お互いに対して戦ったり敗れたりするのに出会います。これらの愚行は別に恥ずかしいと思われることなくそのまま語り伝えられていました。

私たちはここに書き残されている伝説のなかに神々の不謬性の思想を見出すことはありません。ここには疑いもなくある種の多神教としての神道が繰り広げられています。ところがいまや新生日本文明の設計図のなかに模様替えして書き込まれた国家宗教においては、神道は西洋諸国におけるキリスト教にきわめて近い役割を与えられており、その結果色濃く一神教としての性格をもたされています。こうしてここに過ちを犯すことのない天皇という絵姿が現われました。その絵姿は明治時代と大正時代においては比喩としての性格を与えられていました。それは、日本の国家が国家宗教の密教の部分に習熟した元老・重臣層と高級官僚とによって動かされていた時代のことです。

明治政府によって採用されたこの政治思想は、国民の心のなかに順序よく植え付けられていきました。善悪の価値判断の基準は、天皇によって発表される勅語に基づくことになりました。勅語というものは、物語めいた時代以来代々の天皇によって発表されている形式を受け継いでいます。明治維新以後においては、軍人勅諭と教育勅語とが最も重大な文献です。日清戦争のはじめと終りに出された勅語、日露戦争のはじめと終りに出された勅語、第一次世界大戦のはじめと終りならびに太平洋戦争のはじめと終りに出された勅語もあります。この勅語の系列は一九四六年一月一日の天皇人間宣言によって終ります。この最後のものは占領軍によって起草されたものでした。

これらの勅語の要所を占める言葉は、それらの言葉によって日本人が自らの道徳上ならびに政治上の地位を守るために用いる言葉です。これらのカギ言葉を繰り出すことに習熟すると、天皇に対して忠誠な臣民であることの定期券《バス》を見せる役割を果たすことになります。これらの言葉の使い方は、小学校の六年間の義務教育のなかで教え込まれ、また男子についてだけいえば満二〇歳になると二年間あるはずの義務兵役の期間に軍隊で教え込まれます。教育勅語は年間を通じての重要な祝祭日に校長先生が声を出して読み、そのあいだ生徒たちは少なくともその儀式の間、頭を低くして立ち続けて勅語に聞き入ることを期待されていました。それは体の弱い子どもにとっては一種の拷問でした。軍隊においては新兵は天皇の軍人勅諭の長いテキスト全体を空で言うことを要求され、それは相当の知性の力わざでした。たくさんの子どもとたくさんの新兵たちが滑《なめ》らかに勅語を暗誦できなかったり、スラスラと勅語に出てくる漢字を書けなかったからといって、殴《なぐ》られたものです。その種の儀式は、日本の国民全体に、同一の条件反射を植え付けました。勅語の朗読と暗誦とともに、もう一つ小学校敷地内の特別の貯蔵庫におかれている天皇の写真に対して敬意を表するという儀式がありました。先生と生徒は、この貯蔵庫の前を通り過ぎるときには、うやうやしく最敬礼をするように期待されていました。天皇は、十五年戦争の終りまで、宗教上、道徳上、政治上の権威の源でした。

勅語のなかのこれらのカギ言葉は、読みを下すためにも、またそれを正しく書くためにも、相当の練習を必要としました。一度これらのカギ言葉を自由に使えるコツを覚えますと、あまり考えることなくいくらでも話したり書いたりすることができるようになります。

というのは、これらのカギ言葉の使い方には一定の組合わせと変形の規則があって、その規則に従えば組合わされて出てくる文章はどれも同じ中身のものとなり、経験と結びつけて確かめていく作業を必要としないからです。当時の中央団体やその末端にあるさまざまの分会でも、名誉職を務める人たちの演説の多くは、このような組合わせと変形の規則に基づいてなされていました。兵士に対する下士官の訓話もまた、これらの組合わせならびに変形の規則に基づいてなされました。

このことが近代日本にだけあった特有の現象であると私は思っておりません。神政政治が行われているところでは、どこでも似たような政治上の慣行があったにちがいありません。明治以後の政府には、その民主政治としての性格があるとともに、このような神政政治としての性格があり、いかに両者が組合わさっていたか、織りまぜられていたかということに目を向ける必要があります。その神政政治としての性格が、一九二九年の世界恐慌のもとに、またそれからの出口を求めて一九三一年の日本の中国侵略によって始まった時代に、引き出されてきて、それをわれわれは正面から見ることができるようになりました。そのころになりますと、日本国民は政府の与えた六年間の小学校教育と、さらに男に対してだけですが、徴兵制度というものを通して、ほとんど八〇年にわたって同一の条件反射に慣らされてきたために、男全体がひとつの有機体として、動きうる状態に達していました。われわれ日本人のなかにあったこうした条件反射の蓄積は、日本降伏後どこに行ったのでしょうか。それは、今ここで触れるべき問題ではありません。

日本人の政治活動は、丸山真男によりますと三つの役割に分類することができるそうです。第一はおみこし、第二は役人、そして三番目は無法者です。(3) 明治の新政府ができてから役人は大きな権力を与えられるようになりました。彼らはかなり公平な試験制度によって国民全体から選ばれ、政治上の重要な決断はそれぞれの部門を受持つ当路の役人によってなされてきました。そこでそれぞれ専門の領域を受持つ役人は、その地位が中央政府の高いものでなくともそれぞれにかなり大きな重さをもつものとなりました。いまでも日本の中央政府の各省は、現実にはそれぞれもっと小さなミニ省ともいうべきものに分かれており、その長官は、それぞれの課の課長を務める人であるといわれています。さて役人たちの下した決断が国民によって批判されるようになりますと、地位をもたない人たちのなかに渦巻く不満はさまざまの圧力集団を通して表現されることになり、それらの圧力集団の代表者が無法者というわけです。おみこしというのは権威を代表し、役人は権力を代表し、無法者は暴力を代表します。

明治国家の初代の技師たちの設計した秩序がそのままではあまりうまく働かなくなると

ところまできますと、国民のあいだにたまってきた不満は無法者を通してその表現をもつようになり、それが当路の役人たちに明治国家によって採用された政治思想を比喩的にではなく文字どおりに実行せよと迫るようになりました。この政治思想は文字どおりに解釈されますと、すべての宗教上、道徳上、政治上の価値は神々の跡継ぎである万世一系の位を受け継ぐ現天皇のうちに発するということを建前とします。ですから民主主義についての西洋から輸入された思想や世界と人間についてのこれまた西洋から輸入された物質本位の解釈とは、ともに完全に否定されなければならないというのです。これまで政府の高官によってたとえ話のように用いられてきたさまざまの言葉は、いまや文字どおりに受けとられなければならなくなり、直接に事実と行動を指さすものとされました。

この種の運動の論客であった蓑田胸喜は一九三三年に次のように書きました。(4) 日本民族は現在戴いている天皇である現人神《あらひとがみ》に対する信仰において建国の神話と国家宗教をもっており、このようにして儒教、仏教、キリスト教ならびに社会主義がこれまで実現できなかった仕方で、世界史によって人間に託されている人類の使命を実現するであろう。私たちが天皇を現人神《あらひとがみ》としてあがめて忠実に仕え私たちの祖国を守護するとき、そのことによって私たちは人類に奉仕するのである。

日本を世界最強の国にするということが日本人にとって人類に奉仕するただ一つの可能

な道であるというのです。それが蓑田の論法でした。当時蓑田は日本の有数の私立大学の一つである慶応義塾大学で論理学および心理学の教授を務めていました。蓑田の論法はだんだんに力を得てきて、やがて京都大学法学部の自由主義的教授たちの追放をもたらすことに成功しました。この京都大学は日本における学校のピラミッド組織のなかで上から二番目におかれるものです。このようにして蓑田胸喜の議論はこの大学の法学部の性格を一変するだけの力をもちました。彼の攻撃はそのあとではピラミッドの頂点にある東京大学に向けられ、やがて憲法についてのそれまでの正統の解釈であった美濃部達吉の天皇機関説を陥れることに成功しました。

美濃部達吉は一九三五年に検事局に呼ばれ、日本人が現行法のもとで法律上の罰を受けることなく勅語を批判することができるかどうかについて取調べを受けました。この取調べを受持った戸沢検事は、かつて彼が東京大学学生であったころ美濃部のもとで法律を学んだ人であり、憲法についての天皇機関説を学習することによって司法官試験を通った人でした。その故に彼は彼の師の説をその隅々までよくそらんじていました。取調べが終ってから一日たって美濃部の憲法に関する三冊の著書は発禁となりました。法律によってその販売が禁止されたのでした。美濃部は彼の理論を撤回しませんでしたが、同じ年に貴族院の議席を退きました。

おみこしとして担がれていた天皇はこの問題についてどう考えていたでしょうか。そのころ天皇の侍従武官長だった本庄繁陸軍大将(一八七六―一九四五)は、天皇と彼とが交わした会話についての記録をその日記のなかに書き残しています。(5) 本庄陸軍大将はその当時の陸軍の考え方を天皇に伝えようとしました。これに対して天皇はつぎのように感想を述べました。「もし私たちが思想とか信念によって科学を抑圧しようとするならば世界の進歩は停頓する。進化論のごときものもくつがえらざるをえなくなるだろう。――さればといって思想、信念を不必要だというのではない。結局、思想と科学は並行して進むべきものだと思う。」

それが一九三五年における天皇の考え方でした。しかし建国神話の文字どおりの解釈を政府に対して要求する無法者たちによって運動が起されると、権力の座にある役人の多数派は、もはや自分の責任において地位を賭けてそれを否定するということをあえてしませんでした。天皇自身も、本庄陸軍大将の日記に彼の私的な会話が残ってはいるのですが、いま新しく現われた政府の政策を彼がよく思ってはいないということを公に声明することはしませんでした。その反対に彼は中国に対する戦争の展開によって考え方を変えていき、この動きの全体を大陸派遣軍の撤兵によって終らせようとする政治上の動きを支持しませんでした。(6)

明治初期以来、日本の官僚機構は有能な若い人々をカナメの位置におくという努力をしてきました。軍隊の組織もまたその例外ではありませんでした。一九三一年以後の年月においてさえ、少なくとも形式上はそのような枠組みが残されていました。陸軍と海軍との双方の参謀本部はそれぞれの構成員のなかに有能な青年士官を抱えており、その人々の任務は日本とその仮想敵国双方の資源についての最新の情報を供給することでした。当時の最年少の参謀将校だった陸軍の林三郎氏と海軍の高橋甫氏から、わたしは当時彼らが、日本が米英と戦って勝つ見込みがあるかどうかという問題について、あるという答えを出したことがないという証言を得たことがあります。(7)そのような消極的な見通しを参謀部員から得ているにもかかわらず、太平洋戦争は始められました。挙げられる主な理由は、石油貯蔵量がやがて不足するであろうということでした。戦闘開始の時間をこれ以上遅らせるならば日本はさらに不利になるであろうというのです。ここでこの判断のうしろに隠されていた理由は、すでに一〇年間も続けられている総力戦への努力は、政府の機構に打撃を与えることなく止められるべきではないという判断です。

少なくとも一九三一年以来長期にわたって、日本およびその仮想敵国の軍事力の差ならびに経済力の差について、事実と反する情報を国民に与え続けてきた指導者自身が、いまやその情報によって自己欺瞞の状態に陥ることを防ぐことができませんでした。国家の指導者にとって、国民だけを騙し続けてその欺瞞から自分たちだけが自由であるということは、とても難しいことでした。この困難が、当時の日本の指導者たちを太平洋戦争へとふみきらせた決断の背後にあります。前のたとえに戻りますと、日本の国家宗教の顕教の部分が長い年月のうちにその密教の部分を呑み込んでしまったので、日本国家のもとの設計者たちの構想は崩壊してしまったのです。

事件の進行をたどり直しますと、国家主義の運動は、自由主義政治家と財界人の相次ぐ暗殺をなしとげ、また無法者と青年士官たちとの結合による軍事クーデタへの失敗したいくつかの試みをもたらしました。やがて中国大陸に派遣されていた軍隊の参謀将校によって「満州事変」が始められ、中央政府は、派遣軍の始めたこの予想外の動きを支持しました。それは、満州国の設立へと導き、また中国との長い戦闘状態をもたらしました。この戦闘状態を終らせる能力を欠如していたことが、やがて日本が太平洋戦争の泥沼に引き込まれる原因となりました。一言でいえば、日本は中国との戦争に敗けたのですが、この事実を、今日も日本人の多数は、日本が敗けたあとになっても、認める用意をもちません。

英国と米国の圧力に抗して、人気のない宣戦布告なしの戦闘状態を中国に対して続けていくという困難な仕事と取り組むために、政府は非常時宣言を出して、さまざまの法律によって国民の思想を統一しようとしました。そのような統一の道具として、政府は「国体」という言葉を、新しいもっと文字どおりの解釈、もっと文字どおりの意味に用いることにし、国体観念の明徴のための宣言を二度にわたって行い、このことを通して高級官僚は、青年士官と結合して活動する右翼の無法者に押し負けたことを示しました。大政翼賛会という組織がつくられ、宣戦布告なしのこの戦争を、その終りまで戦い抜こうという政府がすでに決めた政策にあらゆる職域の日本人が協力するように統一することを目ざしました。この方向は米国、英国およびオランダの三国と日本が衝突することを意味しました。やがて日本政府は米・英・蘭に対して宣戦を布告しました。この間に議会制度は残されていましたが、政党は自発的に解散して、現政府の後援する単一政党に加盟しました。一九四二年に、翼賛選挙と呼ばれる総選挙が行われました。それは自由な選挙ではありませんでした。警察官と右翼の暴力が選挙に干渉しました。このとき大政翼賛会の推薦を受けて当選した衆議院議員は三八一人でした。大政翼賛会によって推薦されないで当選した議員は八五名でした。このことはこの時期になってもなお、政府の戦争指導と言論統制に対して異議申し立てをする声が残っていたことを表わしています。

『漫画』という雑誌の一九四二年五月号に出た一枚ものの絵があります。筆者は杉浦幸雄で「米英頭方追放」という題がついている。この漫画の発表当時には電気を使って頭の毛を縮らせるということは非国民のすることであり、国体に反することとみなされていました。パーマネントウェーブをやめさせようという運動が国家主義者によって起されていました。このような事実が背景にあって、一人の若い女性がこの絵のなかで彼女の頭をかいて、西洋渡来の思想が彼女の頭からちょうどフケのように落ちるにまかせています。一九三一年に政府によって始められた転向誘導の道筋がこのあたりで終点に達したとみることができます。すべての輸入された思想が日本人の頭からフケのように落ちてしまったあとで、はたして何が残るでしょうか。この漫画の発表されたときでいえば、日本政府によって教え込まれた思想は残っていたでしょう。それは現人神《あらひとがみ》としての天皇の不謬性を中心とする国体観念です。しかし日本が敗北して、同じ天皇が自分は人間であると宣言するようになると、国体観念もまたもうヒトカケラのフケのように頭から落ちてしまいます。そのあとには肉体が残りました。ここに敗戦直後に流行しその後今日まで形を変えて生き残っている「肉体主義」と呼ばれる思想の根があります。肉体の要求に対して忠実であることが最高の価値であると、坂口安吾、田村泰次郎、田中英光たちによって代表された戦後文芸は主張しました。最後の田中英光についてはもう少しあとでふれることにします。一九六〇年に起こった「エコノミック・アニマル」という傾向は、戦争中にまかれたこれらのタネから発芽して成長し、成熟した思想であるともいえます。しかし日本人の肉体には長年にわたって植え付けられた条件反射があります。過去の文化について心底に蓄えられた潜在的記憶です。この形において国体の概念は残っているといえます。言葉はすぎていきますが、言葉の意味するものは残ります。ここで私たちは敗戦後の条件によっていくらかの変更を受けながらも残っている鎖国性の形に戻ってきます。鎖国性は日本人の大方が農民であった徳川時代にくらべて、今日では全人口の十分の一しか農民がいないわけですから、今日の日本人にとって支持しにくい考え方です。しかし日本が海によって囲まれ、陸上の国境をまったくもたず、同じ言葉を話し、狭い島々のなかに密集した人口をもって生きているかぎり、鎖国性は簡単に拭い去られるということはないでしょう。ですから国体観念がどういう形で残っているかという質問は、これからも繰り返し問われなければならないでしょう。

(1)　橋川文三「国体論の連想」(『展望』一九七五年九月号)による。ここに引かれている吉田松陰・山県大華の論争をまたびきすれば、

「道は天下公共の道にしていわゆる同なり、国体は一国の体にしていわゆる独なり、君臣父子夫婦長幼朋友、五者天下の同なり、皇朝君臣の義、万国に卓越する如きは、一国の独なり」と吉田松陰がその国体論を説くに対して、当時の長州藩を代表する儒者山県大華は、「国体」の用語が水戸学あたりの怪しい素姓しかもたないことを咎めたのち、「道は天地の間、一理にして、その大原は天より出づ、我れと人との差なく、我が国と他の国の別なし」と説

き、「天地は陰陽五行の気を以て人物を生じ、而して後、陰陽五行の理これに寓す。その理は即ち人倫五常の道なり。これは天地の間、凡そ人物たるもの皆同じき所にして、豈《あに》ただ和漢のみならんや。世界万国皆同じきなり」として、どこまでも一国独自の道(国体)という考えを否定し、「我国君臣の義万国に卓越すというもの、何《いず》くにか在るや」と反論した。

幕末における吉田松陰・山県大華の国体論争は、明治一七年頃における伊藤博文・金子堅太郎の論争につらなり、この際に、大華に似た普遍主義を代表するものが伊藤博文であり、松陰に似た特殊主義の視点を代表するものが金子堅太郎であったと、橋川は述べている。

(2) 原田熊雄『西園寺公と政局』(原田文書)全八巻(岩波書店、一九五〇—五六年、一九八二年再刊)。重臣の側に戦争への動きがどう見えたかを追経験する仕事には、最近では(というのは、このカナダ講義では活用できなかったが)、勝田龍夫『重臣たちの昭和史』上・下(文藝春秋、一九八一年)がある。この本には原田文書だけでなく『木戸幸一日記』(東京大学出版会、一九六六年)、『木戸幸一関係文書』(東京大学出版会、一九六六年)ならびに木戸幸一談話がよりどころとされている。もっと早く発表されたもので、私の考え方がその影響を受けているものに、竹山道雄『昭和の精神史』(新潮社、一九五六年)があり、この本は、重臣層の自由主義の側から戦争の時代をとらえている。

(3) 丸山真男「軍国支配者の精神形態」(『現代政治の思想と行動』未来社、一九五七年)。

(4) 「思へ、これは儒教も仏教も基督教も乃至社会主義も成就し能はざりしところ、地球上に唯ひとり建国の神話伝説国民宗教を現人神の信仰に具現せるわが大和民族日本国民の厳存するありて、期せずしてこの世界史により課せられたる人道的使命を実現するに至りしものなることを！　ゆゑにわれら日本国民は『現人神　わが大君にまめやかにつかへまつり』『祖国日本』を守るときさながらに『人道』を守るのである。『日本的』すなはち『人道的』である」(蓑田胸喜『学術維新原理日本』原理日本社、一九三三年)。

（5）本庄繁陸軍大将の日記は、敗戦にさいして自決した大将の遺言で門外不出とされたが、作家尾崎士郎が筆写して実録小説『天皇機関説』(一九五一年)に発表した。上記の談話は一九三五年四月二五日の日付けをもつ。

（6）井上清『天皇の戦争責任』(現代評論社、一九七五年)。

（7）高橋甫、林三郎「旧軍人の場合」(『芽』一九五三年八月号)。

大アジア

一九七九年一〇月一一日

「大アジア」とは、日本人がそれによってアジア大陸に住む人々とのつながりを言い表わす言葉です。もっと細かくいえば、それは、日本人を含めてアジアの人々が平和にともに生きる理想の大共同体を、さしています。(1)

明治維新に先立って中国のアヘン戦争当時に先駆者たちのもっていた危機の感覚のなかに、この考えの芽生えがあったといえるでしょう。明治維新のあとになりますと、朝鮮と中国への配慮にもかかわらず、たとえば福沢諭吉(一八三五―一九〇一)のように、多くの人たちがアジアの問題に心を奪われることから離れて、ヨーロッパ制度の学習に全精力を集中しようとします。それから彼らが朝鮮と中国にもう一度目を転じたとき、彼らは、速成ですでに習い覚えた西洋文明の流儀を中国と朝鮮に押しつける資格を自らに認め、文明の代表者としての役割をもって臨《のぞ》みました。

一九三一年に中国侵略が、派遣軍による中央政府にとっての意外な発展として始められますと、日本の中央政府は、この軍事行動を支持しながらも、刻々の状況のもたらす発展を正当化するそのつどそのつどの釈明を工夫して、しのごうとしました。はじめのうちは、この軍事行動を正当化する一般理論を発表したのは、中央政府の外にある右翼の論客だけで、この人たちは、作戦を受け持っていた陸軍青年将校と緊密な連絡をとって活動していました。既成事実が積み重ねられたあとで、中央政府は、「満州事変」が一九三一年からもう九年もたってからあとでその政治思想上の根拠を宣言するところまでいきました。それは当時近衛内閣の外務大臣だった松岡洋右《ようすけ》(一八八〇―一九四六)が一九四〇年八月一日に発表した声明です。(2) それは次のような内容です。

われわれの現在の政策は皇道の偉大な精神に基づいて日本、満州国および中国を結びつける大東亜共栄圏を樹立することにあります。(中略)大東亜共栄圏のなかに仏領インドシナと蘭領インドとを含めることは当然であります。

大東亜共栄圏の範囲は、軍事上の必要によって決定されました。一九三一年以後の軍事的発展によって得られた利権を守り抜くために、陸軍および海軍の参謀将校たちは学者と協力して何度か試案を作成してきました。このような試案のすべてに先んじて、石原莞爾《かんじ》(一八八九―一九四九)の唱えた東亜連盟の構想がありました。石原莞爾は「満州事変」およびその後に起こった軍事行動に対して責任をもつ関東軍の参謀将校の一人です。石原の考えでは、日本はやがてソビエト・ロシアを含む西洋帝国主義諸国と衝突することを最終的には覚悟しなければならないから、(彼自身がその開始に対して責任をもつところの)中国との戦争状態を長びかせてはいけないということでした。その解決策としては、現在日本、中国および満州国が平等の基礎に立って友好関係をつくるということにある、というのでした。石原は、満州国の主要設計技師の一人でした。ただし満州国ができると、ここで東条英機が権力をもつに至るので、ここから追放されてしまいました。やがて東条が陸軍全体とさらにのちには中央政府をもその勢力下に収めてからは、石原は、陸軍におけるすべての重要な地位から締め出されてしまいました。石原のもつ構想力は、東条にとって謀叛のタネを含むものに見えたのです。

一九三七年六月、近衛文麿が、日本の首相になりました。これに先立って一九三六年に、後藤隆之助(一八八九―一九八四)という近衛の古い同級生が、近衛の後援を得て、昭和研究会という組織をつくりました。[3] 昭和研究会の発案者であった後藤隆之助の意図では、この組織は軍国主義に向けてゆっくりと地崩れが進んでいるその当時の傾向に対して、一つの歯止めをかけるためのものでした。この目的のために、後藤は、当面の課題に役に立つならば、いかなる学派の人々の力をも借りたい、と考えました。このときまでに、すでに日本共産党は、獄中にある人たちを除けば、壊滅しておりましたので、後藤隆之助は、もとマルクス主義系の学者と自由主義系の学者たちとをともに招いて、彼らが日本に軍事独裁政権が成立することに対して弾力性あるしっかりした反対の立場を保っているかぎり協力してもらうということに困難がなくなった、と考えました。この集団に、尾崎秀実《ほつみ》(一九〇一—四四)は一九三七年に参加しました。

昭和研究会には、そのころ一二の独立した研究会がありました。尾崎は、中国問題研究部会という、これらのうちの一つの研究会の座長を務めるだけでなく、これら一二の研究会全体の調整役の任務をも、引き受けました。尾崎はこの中国研究部会の座長を三年半ほどのあいだ務めました。やがて昭和研究会そのものが、大政翼賛会という半ば公の組織に改組されてそのなかに解消してしまうまで、務めたことになります。この三年半ほどのあいだ、尾崎は、近衛総理大臣の参謀のメンバーとして活躍しました。近衛が一九三七年に総理大臣になってから、総理大臣を囲む朝めし会というものがつくられて、総理大臣が公式会議に出かける前に政策立案の助言者たちが集まってお互いの情報を総理大臣に伝える機会を作りました。尾崎は近衛の朝めし会にいつも出席していた一人ではありませんでしたが、この朝めし会に誰が出席すべきかを選ぶ役割をにないました。その同じ時期に、彼は、リヒャルト・ゾルゲと緊密な連絡をとっていました。ゾルゲはドイツの新聞記者で、彼はときのドイツ大使から信頼されて秘密の情報にも通じていました。ゾルゲが日本の警察によってソビエト・ロシアから送られたスパイとして逮捕されてから、尾崎もまたその共犯として逮捕されました。尾崎は獄中で、私は順逆を誤ったと書いています。(4) これは、ゾルゲ・グループの一人として活躍するよりも、自分は、中国問題を専門とする評論家兼首相への助言者の役割を通して、中国との戦争をやめさせる目的のために力を集中すべきであった、という彼の反省を示すものと考えられます。

中国問題の専門家として、彼は『中央公論』という雑誌の一九三一年一月号に「「東亜協同体」の理念とその成立の客観的基礎」という論文を発表しました。「東亜協同体の理念が実践の過程を伴つて発展し得るか否かといふことは、日支抗争の力関係にも、国際関係にもむろん拠るところではあるが、日本国内のこれを推進すべき勢力の結成が最大の問題となつて来ると思はれるのである。」そして実際問題において日本国内の資本家との葛藤が起るであろうということも予言しています。

一九四四年の一一月七日にゾルゲと尾崎とは絞首刑になりました。

軍事という観点から見れば、日本がロシアに向かって攻撃を仕掛けないであろうというゾルゲ・グループの情報を得たことは、スターリンが二正面作戦を準備するという過大な重荷から解放されたことを意味します。ただし大アジア主義の論客としての尾崎の役割は、彼がゾルゲ・グループとつながりをもっていたということによって過小評価されるべきではありません。最終裁判の裁判長高田正は、尾崎に死刑を宣告した人ですが、もと近衛内閣の司法大臣で尾崎との友人関係によってその地位を失うに至った風見章に、尾崎は尊敬すべき人です、彼は信念によって行動をしたのであり、この点について私は彼を尊敬しています、と語っています。

ゾルゲとともに働きながら尾崎はその活動のために何らの報酬をも受けておりませんでした。彼は信念のために命を賭けたのです。彼は日本共産党ともソビエト・ロシアの国際共産党ともつながりをもっていませんでした。彼は一人の独立した共産主義者であり、中国の民族主義ならびに中国の共産主義に深い共感をもつ、民族主義者に近い一個の共産主義者でした。日本人を守るためには、日本人が、西洋および日本の帝国主義のクビキから自らを解放しようとしている中国人と力をあわせなければならない、と彼は考えました。

尾崎の伝記は、彼の内におけるこの大アジアという考え方が、彼自身のものとして発達してきたことを示しています。尾崎は、日本の新聞記者の息子として、台湾に育ちました。台湾の住民に対する日本人の差別が彼にとっては記憶の底にあるいやな経験で、それが、やがて彼に命を失わせるきっかけとなりました。彼は、東京に出て第一高等学校で勉強し、やがて東京帝国大学の法学部に入りました。このころの尾崎は大正期の民主主義を代表する学者であった美濃部達吉には心を惹かれず、むしろ美濃部の対立者であった上杉慎吉という、そのころ東大における右翼運動の代表的論客であった憲法学者に、惹きつけられました。おもしろいことに、尾崎は、上杉慎吉教授に対して生涯にわたって敬愛の念をもち続け、獄中で書いた書簡にも自然な愛情をもって旧師を回想しています。

尾崎が第一高等学校および東京帝国大学法学部の学部学生であったころ、当時流行の新人会運動にも加わらず、またマルクス主義の運動家である友だちとも深くつき合うことがなかったことは、彼自身がマルクス主義の影響を受けるようになってからも彼が警察に長いあいだ目をつけられなかった理由となりました。尾崎は東京帝国大学の大学院でしばらく勉強したのちに朝日新聞社に入り、特派員として上海に送られました。この上海で、彼は、米国の新聞記者で左翼の著述家として今日知られているアグネス・スメドレーと知り合い、スメドレーを通してドイツの新聞記者リヒャルト・ゾルゲに出会いました。三人は情報を交換し合って共同の活動をしましたが、かれらの活動は、このころまでは日本の思想警察のかぎつけるところにはなりませんでした。というのは、日本の警察の活動は、まだ日本の国境内に制限されていたからです。今ではそうではありませんが。

一九三四年、日本共産党がいく波もの集団転向を通して解消してしまったころに、尾崎は日本に戻ってきて朝日新聞本社で働くことになりました。このころから彼は中国問題評論家として目覚ましい活動をするようになり、中国共産党についての理解を通して発揮される深い洞察力によって注目されるようになりました。この公然活動と並行して、彼は総理大臣への助言者として、政界の楽屋裏でひそかに働くことになりました。そのとき旧友ゾルゲが、こんどは東京に派遣された外国新聞記者として、彼の前に現われました。それは尾崎にとって、もう一つの秘密の活動の始まりを意味し、その活動は、終局において、彼の命を奪うものとなりました。尾崎が、彼の逮捕と死刑のあとになってからも、むしろ右翼系の政治上の立場によって知られる人を含めて実にたくさんの友人、知人から愛惜される人であったということは、彼の人柄をよく示しています。彼の主任弁護人となった竹内金太郎は硬骨の国家主義者として知られていました。この人は、尾崎をその死に至るまで弁護し、尾崎を真実の愛国者として評価していました。尾崎はソビエト・ロシアの政府の指令からは自由であり、日本の状況に関するソビエト・ロシア所在の国際共産党の判断を受け容れてはいませんでした。尾崎の分析によれば、運動の主要な打撃目標は財閥と軍閥との結合であるべきであって、天皇制は、その際、二次的意味をもつだけにすぎない飾りであるということです。彼自身の自己評価によれば、彼は民族主義者とほとんど境を接するところにいる一個の共産主義者でした。まさにこの故に、尾崎の活動は、敗戦後といえども、日本共産党によって公然とした評価を与えられない期間が長く続きました。

大アジアという観念が政府の綱領に採用されてから、大アジアの理想を唱えるたくさんの声明、儀式、会議などが政府によって計画されました。米英蘭に対して宣戦布告がなされたとき、はじめに、政府は、この戦争を何と呼ぶか、きめかねていました。日本は、すでに一〇年間にわたって、宣戦布告のない戦争を続けてきていました。いまや日本政府は宣戦布告を行なったので、戦争状態に対して名前をつけなくてはなりません。政府の会議で、いくつかの名前が、あげられました。たとえば、太平洋戦争とか、対米英戦争とかいうものです。最後に選ばれた名前は、「大東亜戦争」でした。これが選ばれた理由は、候補としてあげられたほかの名前が、この新たに宣戦布告された戦争の真実の原因となった中国とのあいだに続いている戦闘状態を含まないということでした。

日本敗北に続く年月に、日本人は米国政府から貸与された眼鏡を通して過去を見て、この戦争を主として米国に対する戦争として考えるようになり、こうして、中国との戦争という脈絡からこの戦争を切り離すようになりました。そうすることによって、日本人は、長いあいだ軍事上の弱者として見てきた中国に敗けたという不名誉な事実を見ないですますことができました。一九三一年から四五年まで続いたこの戦争に対して、私が十五年戦争という名前をつけるように提案したのは、この戦争を一九三一年に始まった「満州事変」からの不連続のようにみえて連続する戦闘状態の脈絡のなかにおくためでした。もう一つ心理的、というよりは反心理的理由があるのですが、それはわたしのようにこの戦争状態のなかで小学生として育ったものにとっては、政府が繰り返しそのつどそのつどの声明を出すものですから、はじめ長い戦争が続いているということに気がつかず、「満州事変」とか、「上海事変」とか、「日支事変」とか、そういう別々の名前のついた別の戦闘状態のように感じさせられてきたからです。これがわれわれ日本人のもっている主観的な事実で、これをこわさないと、この戦争状態の全体に対する認識はできないように思ったからです。それは一五年間にわたって行われた一つの連続的な戦争であると見ることができます。この事実にもかかわらず、この長い戦争のうしろに一人の戦争指導の設計者がいたということはないのです。石原莞爾陸軍中将は、かつての「満州事変」の仕掛人として、ソビエト・ロシアおよび西洋諸国の帝国主義に対する砦を築くという彼自身の大構想をもってはいましたが、この戦争の初期に責任ある地位から締め出され、とくに一九三七年以後は戦争を続けていくことに対して、彼自身が反対する立場をとりました。ですからこの長い戦争が続いていったのは、それを止める力を日本政府がもっていなかったという理由に基づくものです。それが、この戦争に関する真実でした。日本文化の本来もっている鎖国性という条件がなければ、このような戦争は続けられなかったにちがいありません。

総理大臣になった東条英機陸軍大将は、彼独自の構想をもっていたというわけではありませんが、軍人たちを中心とする高級官僚を調整し統率する優れた能力によって、政府の会議を主宰しました。彼はフィリピン、インドネシア、タイ、インド、中国および満州国の指導者を東京に招いて、大東亜会議を開きました。ここに集まった指導者の何人かは、日本政府の戦争目的について、さめた目で評価する力をもっており、それぞれの国もとにおいて彼ら自身のつくり上げてきた独立への運動を強めていくひとつの機会として、この戦争を活用しようと考えていました。

一九三七年にビルマの最初の首相を務めたことがあり、のちに一九三九年になってから英国の支配からビルマの独立をかちとるための自由ブロック運動を組織したバー・モウは、一九四三年以後ビルマ独立政府の元首となり、日本政府と緊密な連絡をとって活動しました。日本敗北以後、彼は、日本の田舎に隠れて住んでいましたが、やがて占領軍によって捕えられました。一九六八年に彼は『ビルマの活路――一九三九―一九四六年　革命の回想』という本につぎのように書きました(5)。

日本の軍国主義者たちについていえば、この人たちほど人種によって縛られ、またその考え方においてまったく一方的であり、またその故に結果として他国人を理解するとか、他国人に自分たちの考え方を理解させるとかいう能力をこれほど完全に欠如している人々はない。彼らが東南アジアにおける戦争の期間を通じてことの善し悪しにかかわらず、つねにその土地の人々にとって悪いことばかりしたように見えるのはそのためなのである。日本の軍国主義者たちはすべてを日本人の視野においてしか見ることができず、さらにまずいことには、すべての他国民が、彼らとともに何かをするに際しては、同じように考えなければならないと言い張った。彼らにとっては、ものごとをするには、ただ一つの道しかなかった、それが、日本流にということだった。ただ一つの目的と関心しかなかった。日本国民の利害、利益ということである。東アジアの国々にとって、ただ一つの使命しかなかった。それは日本国と永遠に結びつけられた、いくつもの満州国や朝鮮となることである。日本人種の立場の押しつけ、彼らのしたことはそういうことだった。それが、日本の軍国主義者たちとわれらの地域の住民とのあいだに本当の理解が生まれることを、結果としては、不可能にした。

アジアの指導者たちのなかで、東条首相の最高の親友として、一九四三年の大東亜会議に代表の一人を務めた人の感想は、こういうものでした。日本国民に対しては十分の共感をもって、バー・モウはつけ加えました。

日本のしたことは、悲劇としか言いようがない。歴史として振り返ってみるとき、白人支配からアジアを解放するために、これほどのことをした民族は、ほかにない。未だなかった。にもかかわらず、解放することを助け、またほかの多くの事柄について模範を示した当の人民によって、こんなにも誤解された国民も少ない。

フィリピンにおいては官僚機構の幹部は、日本から侵略を受けた場合にはこれに対して戦うという約束を米国政府に対してはっきりとしていました。支配層に属する多くの人たちは、日本軍の占領政府と協力しましたが、そのとき彼らは、フィリピン人のために彼らは働いているのだ、日本軍の不当な要求からフィリピン人を守るために働いているのだ、ということを口実にしていました。しかしトマス・コンフェッサのような人たちもいて、その人たちは、米国人が負け戦を戦っているときに米国国民との約束を破るべきではないという信念を変えませんでした(6)。コンフェッサの理論によれば、軍人はより強い敵に対して降伏をすることが許されるけれども、文官は、道徳的にそのような自由をもっていない、というのです。この故に文官は、勝って乗り込んできた日本軍と協力すべきではない、というのです。それが、彼の主張でした。コンフェッサのような人々は、日本軍に対して戦うゲリラの側につきました。マッカーサー将軍がフィリピンに戻ってきて反攻を開始してから、マッカーサーの戦い方は、日本軍に対して勝利を収めるということに集中しており、フィリピン人を守るということには、ほとんど関心を払いませんでした。その段階では、日本軍はすでに米軍に対して反撃する戦力を奪われており、ほっておいても自滅するほかない、という状態でした。しかし自滅を待つなどというのは、軍隊の指導者たちのふつうに考えることではありません。そこで、この戦争の最後の年月にも、米軍は爆撃を続けてフィリピン人の暮らしの手だてを破壊しました。日本軍に対して抵抗を続けてきたフィリピン人の多くが、米国は結局フィリピンの貧しい人たちの友ではないという考え方をもつに至ったのは、このときからでした。

お互いに対して戦っている軍隊にとって、いかなる場所において、どういう人々に囲まれて自分たちが戦っているかを見きわめることは難しいことです。日本人は、敗北したあとで、六三万人の日本軍兵士がフィリピンに送られて四八万人がそこで死亡したと記録しています。日本人がそのように回想するとき、この戦争においてほとんど一〇〇万人のフィリピン人が死亡したということを無視しています。日本はほとんど五〇万に近い日本人を死亡させ、米国人とともに一〇〇万人以上のフィリピン人を殺したのです。この事実は、日本人の記憶のなかにまだ組み入れられていません。

大岡昇平は、この戦争の最終段階にフィリピンに送られた兵隊の一人です(7)。彼は米軍によって捕えられ、敗戦後に『俘虜記』という記録小説と『野火』という小説とを書きました。日本文学の伝統において、小説家たちは、自らの経験に美しい形式を与えようと努力し、その形式の実現が、彼の努力の終点となります。これまでのところ、大岡は、はじめてこの伝統から離れて、彼がひとつの美的形式のなかに織り込んだ素材をもう一度解きほぐして、彼の戦争経験の細部をたどり直すことを試みました。そのようにして『レイテ戦記』という記録のなかで、彼はこの戦いを戦った当時の兵士の目に見えなかった多くのものを取り戻しました。たとえば、彼は、日本軍がその二年間のフィリピン占領の時期にどれほどの損害をレイテ島の住民に与えたかを書いています。それは、この本に彼の引用した左の統計に明らかです。

ヒツジ	ニワトリ	アヒル	ガチョウ	シチメンチョウ
1,984	1,300,754	2,754	259	173
870	528,470	2,040	130	70

大岡は、ここで、日本軍が水牛を殺すことによってフィリピン人の生産手段をどのように破壊したかを描きました。殺された水牛は、その持主にとって、持主それぞれの地位に応じてちがう意味をもっていた、と忘れずにつけ加えています。持主が小作人である場合、小作人は地主に対して、収穫の六〇％を支払わなければなりませんでした。ですから彼が水牛を失うとすれば、彼にとっては、もはやそれまでのように生きていくことは不可能となるのです。そこで彼は山に入ってゲリラ部隊に参加することを余儀なくされたでしょう。

大岡昇平は、フィリピン戦争について発表されたたくさんの書物とパンフレットの厖大な文献表を付録としてこの本につけて、この文献目録が、彼のこの本の最も重大な部分である、と述べています。小説家がこういう

	スイギュウ	ウシ	ウマ	ブタ	ヤギ
1939年1月	163,398	14,694	11,699	342,251	10,186
1945年1月	72,200	5,070	6,660	134,220	5,130

ことを言うのは、実に珍しいことです。ここで、私たちは、日本の文学史ならびに精神史にとって新しい質が現われたと感じます。「大東亜」とは、この言葉の起源から見て、一九四〇年代の日本政府の軍事上の必要とともに生まれた言葉です。戦争の終り近くになって、勝利がもはや望めなくなったとき、日本政府はアジア諸民族に独立を与えることを決断しました。このときになると、この決定は、日本政府にとって何の出費をも意味するものではありませんでした。というのは、彼らは、いまある状況を変えるためのいかなる処置をももはやとることができなくなっていたからです。

一九四三年八月、ビルマは独立を与えられました。一九四三年一〇月一四日フィリピンにおいて自由が宣言されました。一九四三年一〇月、自由インド仮政府がシンガポールに設立されました。日本軍が休戦を決定した一九四五年八月一五日に、日本海軍は、インドネシアの指導者たちがオランダ軍による再占領に抵抗する目的をもって独立宣言することに便宜を図りました。

これらすべての決定は、日本政府がこれらの地域の軍事上の統制を維持していた時代にはなされませんでした。この故に、独立をこれら諸地域に与えたという事実から、単純に日本政府が西洋帝国主義からアジア諸民族を解放するために努力したという結論を出すことはできません。しかし結果によって判断するならば、日本政府の活動はやがてアジア諸地域に解放と自由をもたらしたということはできます。それは、日本政府の意図を通してではなく、アジア諸民族自身の努力を通してもたらされたものでした。

日本政府の活動については、これまでにとどめます。精神史としてみるとき、日本人の著作のなかには、大アジアという観念に沿う系列のものがあり、それは日本国家によるアジアの軍事的制覇という関心と同一のものではありません。

岡倉天心はこのような著作を発表した初期の人といえますし、宮崎滔天、そのあとに北一輝、大川周明などがあります。北一輝と大川周明はその後の軍事蜂起との関係で彼らの大アジア思想の性格について疑いをもたせます。竹内好は、この系列に属する最後の人といえます。竹内好は、中国に対する宣戦布告なしの戦闘状態が続くあいだ、長期にわたって日本人が軽蔑をこめて用いた「支那」という言葉の使い方から離れて「中国」という言葉を用いた中国文学研究会という仲間を、一九三〇年代につくりました。この仲間の機関誌に、彼は、米英に対する戦争を支持するという宣言を発表しました。(8) そこで彼が述べたことは、われわれ日本人はわれらの民族そのものがこの戦争のなかで性格を変えられ、われらの国家そのものがアジアの諸民族を解放する努力のなかで変形を余儀なくされるところまでいく覚悟をしなければならないということでした。彼の提案は、日本国政府の現存の枠組みをこわすことなしには、アジア諸国を支配しようという政府指導者の野望を抑制することはできないであろうという予感に基づいていました。

このような竹内の考え方の線上に立って、戦後のより若い批評家菅孝行は、戦後の日本政府のなかに、敗戦までの日本政府の戦争目的をより効果的に続けていく機関を見ています[9]。もう一人の戦後の批評家松本健一は菅孝行よりもさらに若い世代に属する人ですが、彼は日本の東南アジアとの現在の経済関係のなかに日本政府の唱えた大東亜共栄圏という戦争目的のより効果的、かつ安定した実現形態を見ています[10]。彼らの指摘したとおり、東南アジアと日本の経済関係における日本中心の一方的な性格は、戦時日本が示した型を保っています。

(1)　竹内好は、『アジア主義』(『現代日本思想大系』第九巻、筑摩書房、一九六三年)を編集して、日本におけるこの思想の系譜をたどった。この巻への序文「日本のアジア主義」で、竹内は、アジア主義の基に大アジアの理念があるとし、これに基づく(日本を含めての)アジア連帯が、どのくらいまで(日本の立場から言って)侵略的であるか、抑圧的であるかは、それぞれの思想の場合にちがうとした。竹内好のアジア主義のとらえかたは、内田良平から岩波茂雄を含む。（追記。松本健一『竹内好「日本のアジア主義」精読』岩波現代文庫、二〇〇〇年。）

（2）一九四〇年八月一日午後一二時三〇分に松岡洋右外相の発表した談話（『東京朝日新聞』一九四〇年八月二日号）。

（3）昭和研究会の旧メンバーの聞き書きを中心において編まれた記録が、昭和同人会編著・後藤隆之助監修『昭和研究会』（経済往来社、一九六八年）である。

昭和研究会創立当時の事務局員だった酒井三郎が書きおろした記録が、酒井三郎『昭和研究会』（TBSブリタニカ、一九七九年）である。

（4）尾崎秀実、一九四三年一〇月二三日付の手紙、尾崎秀実『愛情はふる星のごとく』（世界評論社、一九四六年）。今では、尾崎の著作は、書簡と上申書を含めて、『尾崎秀実著作集』全四巻（勁草書房、一九七七年）で読むことができる。

尾崎秀実の伝記としては、風間道太郎『尾崎秀実伝』（法政大学出版局、初版一九六八年、補訂版一九七六年）が信頼のおける書物である。他に石垣綾子『回想のスメドレー』（みすず書房、一九六七年）が、尾崎の性格への洞察をあたえる。

（5）Ba Maw, *Breakthrough in Burma, Memoirs of a Revolution, 1939-1946*, New Haven; Yale University Press, 1968.

バー・モウを敗戦後にかくまっていた時の今成拓三を新潟県六日町に訪ねたことがあり、その縁であとになって回顧談をうかがうことができた。座談会「大東亜共栄の夢」（『日本の百年』筑摩書房、一九七八年、第一〇巻月報）。この座談から考えて、バー・モウは、後に回顧録に書いたのと違う日本人がいることを知っていたと思われる。

（6）David Joel Steinberg, *Philippine Collaboration in World War II*, Solidaridad Publishing House, 1967.

（7）大岡昇平は、『わが文学生活』（中央公論社、一九七五年）に述べているように、フィリピン戦中で自分の死に直面して、自分を一個の普通の人として見る見方を得て以来、『幼年』『少年』のような自叙伝においても地理と社会史の中に一個の現象として自分をおいて、たどりなおす方法をとった。これは、『野火』という作品をつくった後に『レイテ戦記』、『ミンドロ島ふたたび』で作品のもととなった事実をとらえる仕事に力をそそぐことにもつらなる。

（8）「大東亜戦争と吾等の決意」（『中国文学』第八〇号巻頭言、一九四二年一月）、これは無署名ではあるが、竹内好の執筆。

（9）「別の見方からすれば、戦後においてこそ天皇制は護持され、発展され、ますます完成されたのだといいうるのではないか、というのが私の一貫した問題意識である。」

「機構としての天皇制は、主権者から象徴へ天皇の位置を移動させることによってたしかに致命的なまでに相対化されたということができる。だが、かつての戦時下天皇制の存在構造は、たんに延命し持続している、というだけでなく、新たな支配の形態とより強固な結合関係を回復し、より強固な天皇制の基盤をなしていると考えざるを得ないのである」（菅孝行

「天皇制の最高形態とは何か」『天皇論ノート』田畑書店、一九七五年)。

(10) 「改めていうまでもなく、戦後になって、アジア人たちは日本に来るのに、迎合者である必要も、強制連行される怖れもなくなった。強権としての帝国主義は解体されたからである。ただしかし、日本近代化の道すじは、戦争のまえとあとで、ほとんど変わっていない。つまり、アジアを踏み台に欧米帝国主義列強の仲間入りするという基本構図は、そのまま維持されたのである。」(略)

そしてこう考えると、戦時体制としての大東亜共栄圏は崩壊したが、日本を「盟主」とする経済体制としての大東亜共栄圏はむしろ、戦後において確立したといえるのではないか。この確立期が、日本の近代化の過程が終わり、百年にわたる「近代日本」という枠組みを脱出し、欧米列強と横一線にならんだ時期なのである。具体的には、一九六四年の東京オリンピックの年あたりといってよい。松本健一「「アジア」から「西欧」へ」(『思想の科学』一九七九年九月号。『戦後世代の風景』第三文明社、一九八〇年所収)。

非転向の形

一九七九年一〇月一八日

日本では、宗教は、西ヨーロッパやカナダや米国などと少しちがう形をとります。日本人が「あなたの宗教は何ですか？」と聞かれたとき、とくに外国人に聞かれた場合などには、話を簡単にしようとして、たとえば「仏教です」と答えたりします。しかし本当のところをいえば、日本人の宗教心は、こういうふうには分類できないのです。いまの日本人は、自分の身内のものの葬式とか、あるいは彼自身の死亡のあとでとかいうふうなとき以外には、仏教のお寺にいくことはありません。だいたいの日本人にとって、墓地は、仏教のお寺の管理のもとにおかれています。そういうかかわり方を除きますと、仏教の特別の宗派の教義に、当人は家族単位で加わっているとしても、その教義が、彼個人の心に思い浮かぶということは、あまりありません。

仏教と神道とのちがいについても、日本人は、あまり考えることがありません。これら二つの宗教は、西洋の比較宗教の本では二つのちがう宗教として分類されているのですが、日本人の気分の中では、ほとんどつながっています。このような宗教意識の中に、仏教・神道以外のさまざまの宗教もまた、織り込まれているので、それらの宗教もまたこのような日本式の宗教心の中で消化されてしまうのです。

都会に住んでいるだいたいの日本人にとって――今日では日本人の大多数が何らかの都会生活をしているのですが――クリスマスというものはよく知られている儀式です。この儀式は、商業を通して、日本国中に広まりました。というのは、一二月末にあたるこのクリスマスの時期は、百貨店にとって、売れ行きを増すためのとてもいい機会だからです。広告というのは、今の日本で人々の楽しめるさまざまの芸術形式の中で最も強力なもので、それがクリスマスを日本人の住んでいる環境の一部とし、毎年の季節のめぐりが運んでくるさまざまのもののなかの一つとして、日本の歳時記の中に組み込んでしまいました。クリスマスを期待して、それを迎えるということを通して、日本人は毎年一日だけクリスチャンになっているということもできます。それはクリスマスの贈物をお互いに受け渡しするとか、その日に限ってこれを口実として酒を飲むとかいうだけではなくて、このように毎年一日だけクリスチャンになることを通して、日本人はキリスト教の伝説と儀式とを知るようになり、またキリスト教徒の暮らし方に対して共感をもつようになりました。

西欧風の分類法によれば、それぞれちがうものとされているこれらさまざまの宗教が、日本人にとっては、この狭い列島に住むことを通してもつようになった共通の信仰の中に消化されているのです。お互いにいっしょにここに住んでいるという事実を支えるこの宗教心は、明治以後の政府を通して国家宗教の鋳型《いがた》の中に投げ込まれ、現存の政府に対する服従を誘い出すように操作されてきました。しかしそれがただ一つの日本人の共通信仰の生かされ方であるということはできないでしょう。

ここで日本人の宗教心に、また別の道筋から近づいてみましょう。日本人の共通信仰の性格を知るために、どんなふうに日本の民衆の伝統がイエス・キリストの福音書を日本が西洋諸国との交通から切り離されていた鎖国時代の年月に変えていったかを通して、日本人の宗教心の性格を探ってみましょう。

日本が西洋諸国に対して国を閉ざしてから、日本のキリスト教徒の多くは、徳川幕府の政権の強制力に屈して転向しました。ある人びとは殉教者として、信仰を守って死にました。ある人びとは中央政府から遠い日本列島の隅のほうへいって、そこは中央政府のきびしい監察のもとにおかれていなかったので、中央政府から強いられていた仏教の形に紛れて、彼らのもとからのキリスト教の信仰を保ち続けました。

一八五四年の日本開国ののちに、ヨーロッパのカトリック教会は、ヨーロッパのキリスト教の中心から切り離された二〇〇年間にも、キリスト教の信仰が日本人のあいだに残っているのではないか、という希望をもって、宣教師を送りました。そのような信徒は、一八六五年にあらわれました。一八六五年三月一七日、フランス人のプチジャン神父は、九州の長崎に新たにつくられた大浦天主堂というカトリック教会の門の前に十数人の日本人が集まっているのを見つけました。この集団のなかから、三人の女性が、フランス人神父に近づいて、神父と同じ身ぶりで祈りました。それから彼らは「私たちはあなた方と同じ信仰をもっています」とささやきました。この三人は、いまでは長崎市の中に含まれている当時の浦上村からきた農民の妻たちでした。

その浦上村だけからでも、一三〇〇人のキリスト教信徒が、姿を現わしました。そのあとで、九州のいろいろのところから、数千人のキリスト教徒が姿を現わしました。しかし、この人々は明治の新政府のもとでその信仰の故に迫害を受けることになります。その人々は、二〇〇年もの間、信仰を保ち続けてきたにもかかわらず、明治期に入ってその多くが拷問と流刑を経験し、転向を強いられました。一八七三年になって、明治新政府は、キリスト教の禁令を解きましたが、このときまで、なおもキリスト教の信仰を守り続けて囚人となっていた人たちは、この時になってやっと釈放されました。さて明治のはじめに起こったこのような迫害の年月を通じて、愚かしさを装《よそお》いながら彼らの信仰を保っていた知恵のある人々がいました。彼らは、外人によって新しくつくられたカトリック教会に近づくことなく、彼ら自身の信仰を守りました。これらのかくれ信徒がどれほどいたかの精密な数は、いまにいたるも、わかっていません。

田北耕也が『昭和時代の潜伏キリシタン』という本で書いたところでは、九州の長崎地方の五島列島の一つである奈留島という島だけで四五〇〇人のかくれたキリシタンがいたそうです[1]。

このかくれキリシタンのあいだにどういうふうに福音書が伝わっていったかは興味深いものです。黒崎地方と五島とで行われている伝承を書いた「天地《てんち》始之事《はじめのこと》」という写本があり、イエス・キリストの伝説がこんなふうに述べられています。

ていおう(帝王)よろうてつは、御身《おんみ》様《さま》のせんぎ(詮議)、つち(土)をうがち、そらをかけ、尋《たず》ぬるといえども、あり所《どころ》しれずゆえ、いずれ、どみん(土民)の子ともにまぎれこみいるほども、おぼつかなくと、うまれ子より七つまでの子供、国中のこらず、ころすべしと(そのかず四万四千四百四十四ったり)、みなころしにぞ、なりけり。もったいなくとも、あわれとも、何にたとえんようもなし、その数四万四千四百四十四人、このこと御身《おんみ》つたえきき、さては数万の子供がいのちをうしのう(失う)こと、みなわれゆえなれば、こののち世のたすけのため(「この子供らの後世の救霊のため」の意)、ぜぜ丸やのもりの内にてあらゆる苦ぎょう(苦業)は、なされける。かかる所に、でうす(父なる神)より、数万のおさな子のいのちうしのう事、みなその方ゆえなり。しかる時は、ばらいそ(天国)のけらく(快楽)をうしなわん事、心もとなし、よって死せし子どもの後世のために、せめせいたげられ(責めしいたげられ)、いのちをくるしめ身をすてきたるべしとの御つうげ(御告)なり。御身《おんみ》はつとへい伏して、御血《おんち》の汗を、ながさせ給い、ひる五カじょうのおらっ所(「昼五カ条のおらっしょ」、ロザリオの苦しみの玄義)このときなり。それより御身《おんみ》はろうまの国三《さん》たえきれんじゃ(サンタ・エケレシア)のてらへ、かえらせ給う。何とぞ悪人に苦しめられ、いのちをすてんとおぼしめしけり。

少し解説を加えますと、士民の子どもにまぎれこんでいるというのは、この福音書を語り伝えている人たちの自分自身の生活の感覚です。その人たちはもともと農民であったか、農民ではないにしても、たとえば侍身分であったか、町人であったとしても、いまはもう逃れ逃れて遠い貧しい土地の百姓になっているのですから、土の中にもぐり込んで辛うじて生きているという感じを、語り伝えている人自身が、もっていたわけですね。その実感を通して、イエスの生涯が語り直されているのです。それからヘロデという王様の命令を受けて殺された子どもの数が四万四千四百四十四人というのは、京都の三十三間堂の仏の数から思いついたものらしいので、そういうところがポコッとあって数なんかが入ってくる。ヨーロッパとちがう起源をもつものが入ってくるのです。もともと福音書の伝承の中にも、同じように、事実以外のさまざまの言い伝えが入ってくることはあったでしょう。実際にイエスがいたかどうか、いたとしてその人に起こったことがそのまま語り伝えられているかどうか、やはりそこには、いまこの五島の福音書に語り伝えられていると同じように、語り伝える人そのものの生活の実感が影を落としていたことでしょう。そのなかで語り伝えられている、自分に生きるイエス、自分の信ずるイエスを語るというところがあるでしょう。この日本のイエス伝でも、語り伝えている人には、島原の乱が終ってから江戸の徳川幕府の役人たちにいまも追いかけられている、いつ磔《はりつけ》になって殺されるかもしれないという、切実な不安があったのですね。従って、明治に入りキリスト教禁令が解けた後に、新しいヨーロッパ渡りの学問を通してヨーロッパの福音書の日本語訳を作った人たちの場合と比べて、はるかに切実な不安がかくれ信徒のこのイエス伝ではあったということがいえるでしょう。また敗戦後の一九四五年からあとに、もう一度聖書の研究が進んで現代の日本語に合わせての福音書の口語訳というものが出るのですけれども、その場合には明治時代にくらべてもさらに知識の量も言語の知識も格段に高くなっていますし、ましてや五島列島に住んでいたかくれキリシタンの人たちにくらべれば、段違いにヨーロッパの聖書というものを正確に日本語にうつしているのですが、この戦後の解放感の中でつくられた聖書の文体はもっとなまあたたかいのんびりした文章になっています。それから、文体とは別に、思想上のことですが、父なる神が現われてイエスを叱るその理由ですね、おまえのために数万の幼子が命を失ったではないか、だからこの子どもたちの後世のためにおまえは苦しまなければならない、おまえは命を捨てなければならないということを、神が言います。イエスその人も、そう思うのです。この苦しみ方は、まさに日本人のものなんで、この島国に代々いっしょに住んできた人のあいだに育つ同胞としての感覚ですね。それがこのイエス伝の動機になっていくのです。この感じは一九三一年からの十五年戦争の期間に日本人を押し進めた、日本人をひたしたあの感情によく似ています。あの十五年戦争の期間に苦しんで自分自身の信仰を捨てなかったキリスト教徒の感情は、この徳川時代の二〇〇年間の鎖国のあいだ信仰を守り続けたかくれキリシタンの感情に近いと思われます。この意味で五島列島の福音書はいまお話している戦時期の精神史と心の底において通い合うところがあるのですね。そう思います。

中村元氏は仏教学者で十五年戦争のあいだも仏教の受容形態についての日本、インド、チベット、中国の比較研究をした人です。この仕事を中村元は戦争中も続けて、大著を著わしました。この比較研究は『東洋人の思惟方法』という題で戦後に日本で出版され、英語にも訳されているのですけれども、この研究によりますと日本人の仏教の受け入れ方の特色は、ほかの東洋諸民族、チベット人、インド人、中国人にくらべて、この教理の単純化ということと、それからその信仰を抱く人々の人間関係について強調するということだというふうに書いています。(2) これらの特色は、キリスト教を弾圧して転向を導き出すために徳川中央政府が採用した官許の仏教の宗派を通してはじめて発達したというのではありません。むしろこの時代よりも前に民衆のあいだに発達していった民間仏教の運動の中から現われてきたものだといえましょう。ですから、このように単純化された仏教の中で、政府の不当な要求に対しては受け入れないという、そういう姿勢もまた現われてきました。

仏教の宗派はたくさんあるのですが、その中にはキリスト教のあいだにかくれキリシタンがあったと同じように、かくれ仏教の宗派もまたありました。私が聞き知った例では阿伊染徳美という人の書いた『わがかくし念仏』という本がありますが、この人は自分の育ったかくし念仏の仲間の言い伝えや儀式を書いています。(3) それは岩手県の山の中にある和賀という村に伝えられた黒仏という流派です。その山村のかくし念仏の信者のあいだでは、愛情の共同性というものがあって、たとえば米国のヴァーモント州のオネイダに共同体がありまして、これは一〇〇年前に共同の愛という習慣をもっていたところで、ハヴェロック・エリスの『性の心理学』などでも早くから紹介されているものですけれども、それと同じような慣習が和賀にもあったそうです。この黒仏の信仰のもともとは、二〇〇年ほど前に政府公認の仏教の宗派から迫害されて潜伏状態に入った流派から起こったもので、山の中の共同体の中に逃げ込んだ坊さんを助けてここに信仰の共同体ができまして、この信仰を通してここには助け合いの習慣がもともとあったのでしょうが、その結びつきがさらにつよくなったのです。この強い共同性の信仰をもって、この和賀の信者たちは何度もの飢饉を通り抜け、また戦争をも通り抜けていきます。この間に彼らは、お役人に対して自分たちの信仰を打ちあけないという姿勢を、ずっと保ってきました。徳川時代においても、明治以後の新政府に対しても、そうだったようです。阿伊染徳美氏の言うところに従いますと、明治時代に入ってから内乱が何度か、そしてそのあと外国との大きな戦争が二度起こるのですけれども、そのためにたくさんの兵隊がこの村からもとられて戦死者が出るので、後家さんになった人や孤児になった人がたくさん出ます。後家さんに対してもいっしょになるということ、それが公然と助け合いという形で行われているし、孤児に対する援助もされてきたそうです。これは戦争をこの村に強《し》いた政府に対する不信の念とともに、言い伝えられてきたものです。戦争を美化するということはこの信仰によってなされず、飢饉よりもっとひどいものとして戦争をとらえる伝承が、ここでは仏教信仰とともに伝えられてきました。このかくれ仏教の共同体から離れて、大都会での公認の仏教の流派では、つねに戦争が仏教をとおして賛美されて政府への協力だけが言い継がれてきたわけですから、和賀という山村の共同体に残った信仰は、異例のものだったと言えます。ここでは、戦中も戦後も、外の人たち、つまり中央とつながっている学校制度とか軍隊の制度とか、官許のお寺、仏教の制度などにはけっして知らせない仕方でひっそりと宗教の儀式が行われてきたといいます。この信仰の底には現存の政治秩序と政治上の権威に対する不信の念があったということなんです。

正統派の官許の仏教宗派はキリスト教信仰の弾圧に際して徳川時代とそれから明治初期に用いられました、国家神道は、共産主義と自由主義とを弾圧する上で、明治時代と十五年戦争の時代とに用いられました。キリスト教信徒のうちに大きな公認団体をつくった人たちは、中日戦争をはじめから自発的に支持し、やがてその大方が、大政翼賛会の運動に参加しました。もっと小さいキリスト教宗派で、社会階層からいって低いところに属する信者からなるキリスト教諸宗派は、たとえばホーリネスとか、セブンスデイ・アドヴェンティストとか、また灯台社などのように、少なくともある時期には、十五年戦争に対して批判的な態度をとりました。灯台社は、とくにその中でも日本の伝統との関係において注目に値します。灯台社は、米国に本部のある無教会派のキリスト教の団体で、チャールズ・テーズ・ラッセル(一八五二―一九一六)がつくったものです。やがてジョーゼフ・フランクリン・ラザフォード(一八六九―一九四二)に引き継がれ、さらにそののちにネイサン・H・ノール会長に主宰されることになりました。この運動は、キリスト再臨思想を教理とし、世俗の権力に対する妥協なしの批判を信徒に要求しました。国家に対する敬礼を拒絶することはその信徒の義務とみなされていました。この信念に基づいて、信徒たちは、国家至上の政治思想に対して、ドイツにおいても、日本においても、抵抗を続けました。信徒のきわめて多くは投獄され、そこで亡くなったものもたくさんいました。

明石順三(一八八九―一九六五)は、米国にある灯台社本部から一九二六年に日本支部をつくるために、日本に送られました。明石は現行の灯台社の歴史――これは米国発行のものですが――、『神の目的についてのエホヴァの証言』(一九五九年)に書かれているような日系米人ではありません。(4) 彼は日本の滋賀県息長《おきなが》村岩脇《いおぎ》に生まれました。ここは琵琶湖に近い山村です。彼の父親は漢方の専門医でした。この息子である明石順三は一四歳のときに中学校を退学して、米国に渡ることを計画しました。一九〇八年一八歳のときに彼は米国に渡ってそこで働きながら、学校に行かずに勉強しました。彼は、おもに公立図書館を使って勉強しました。一九一四年から、はじめはサンディエゴ、つぎにサンフランシスコ、そして最後にロサンゼルスの、日本語新聞の記者として働きました。この間に彼は、日本人の妻を娶《めと》り、その人は灯台社の信者であったので、彼もまたこの運動に入るようになりました。この妻とのあいだに、明石は、三人の息子をもうけました。灯台社が、彼を日本支部の責任者として日本へ送ったとき、彼の妻は、日本にいっしょに同行することを拒み、米国に残りました。二人はこのときに離婚しました。はじめ母とともに米国に残った三人の息子は、やがて日本に送り返されて、父とともに住むようになりました。三人の息子は、父親の生き方に共鳴して、小学校教育以上の教育を受けようとせず、日本における灯台社の組織づくりに加わって、父を助けました。

灯台社の組織は、「満州事変」に始まる日本軍国主義の興隆に先立つ五年間ほどの日本社会の空気によく合っていました。このキリスト教の運動は、教会の組織に土台をもたず、イエス・キリストの再臨を説き、戦争反対を教えました。同じような考え方をもって活動した日本の同時代の偉大なキリスト者の内村鑑三(一八六一―一九三〇)のやっかみを、明石順三たちは受けることになりました。太田雄三による『内村鑑三』(研究社、一九七七年)は、この偉大な人格が備えていた嫉妬深い側面をも忘れずにとらえており、高阪薫は明石順三に関する彼の弟子たちへの内村の手紙を引いて、この本当に偉大な人のもっている矮小な側面をよく今日に伝えています。

一九三一年に日本が軍国主義の時代に入りますと、全国の空気が一ぺんに変りました。灯台社の活動はそれから警察の強い干渉を受けることになります。明石順三の長男明石真人は、徴兵されるとただちに、自分は人を殺すことに反対であるとはっきりといって、渡された銃を上官に返しました。このニュースは、日本の各地に伝わりました。別のところでも、明石真人と同じような行動をとるものが出ました。これは日本軍にとっては深刻な問題となりました。というのは、これまで日本では良心的徴兵忌避、つまり信念に基づく徴兵忌避というものは、あまり例がなかったからです。(5)彼らの問題は軍事法廷に持ち出されて裁判になりました。一九三九年六月一四日、明石真人は、三年間の禁錮の判決を受けました。軍法会議の判決があってから一週間ほどした一九三九年六月二一日午前五時、五〇人の警官が、東京の灯台社本部を襲撃し、二六人の男女を連れ去りました。その中には明石順三と、彼が再婚したばかりの妻、それから先妻とのあいだに生まれた息子のうち、獄中にある真人をのぞく二人、つまり明石一家の全員が、含まれていました。獄中に捕われているあいだに、明石順三は、そこで許されているかぎりでの書物を読みました。その中には仏教と神道の経典が含まれていました。彼は獄中の思索を通して、彼が探し求めていた宗教上の真理が聖書の中だけにあるのではない、ということに気づきました。戦争が終ってから彼の書いた『浄土真宗門』という長編小説の中で、主人公である老人は宗教の真髄は喜んで空に帰すところにあるという結論に達しています。この考え方は仏教では法華経に書いてあると彼は言います。仏教において悟りを開いた人は、世界を、その寂滅為楽の相において見ることのできる人です。この考え方は、言葉を換えていえば、旧約聖書にあるように、世界を空のまた空なるものとしてとらえることです。『古事記』の中にもそのような考え方が現われていると彼は考えました。

明石順三は、陸軍の監獄に捕えられている彼の息子に会うことを許されませんでした。しかし仏教の経典や神道の文献を読んで彼の得た感想は、人づてに息子の明石真人の耳に達しました。息子の真人は、長いあいだ聖書のみに絶対的な真理があると説き続けた彼の父を信じて育ってきたので、その父親がいまや聖書だけに真理があるのではないと考えるようになったということを聞いて、決定的な打撃を受けました。しばらくして、息子は、銃を担うことを拒絶したその誓いを撤回し、一九四一年には、彼の転向告白を書きました。この告白によれば、彼は獄中で日本最古の歴史書である『古事記』と『日本書紀』を自ら読んで、日本が偉大なのは、日本民族のために、日本国民すべてのために献身的な努力を続けてきた万世一系の天皇をいただく世界に冠たる国体によるものであるという結論に達したということです。この故に今後彼は、帝国軍隊の一員として最善の努力をすることを誓い、彼の罪深い一身を天皇に捧げ、国家の防備のために喜んで死ぬ覚悟であると述べました。それから彼は、戦車隊に入り、戦争が敗北に終ったのちに市民生活に戻りました。彼はその弟たちに、この転向の論理をもって軍隊に入るように説き聞かせました。明石順三の次男は、陸軍の軍属として南方で戦死しました。順三の三男は、兄の説得にもかかわらず父譲りの信仰を守り続け、当局の監視を受けながら戦争の期間をすごし、敗戦を迎えました。

同じ神道と仏教の経典を読んだことが、父親とその息子において、ちがう結論へと導く結果となりました。父親明石順三は、その息子の転向を聞いたあとで、一九四二年四月九日に法廷に現われ、つぎのような証言を法廷記録に残しています。

現在、私のあとについてきているものは四人しか残っていません。私とともに五人です。一億対五人のたたかいです、一億が勝つか五人がいう神の言葉が勝つか、それは近い将来に立証されることでありましょう。それを私は確信します。この平安が私どもにある以上何も申し上げることはありません。

この証言を聞いたものは、誰も傍聴席にはいませんでした。というのは、そのころまだ何人かは獄外に残っていた灯台社の信者たちも、いまでは警察からさらに迫害を受けることを恐れて、自宅にいたからです。しかし日本の法廷は、この戦争の最後の段階に入ってさえも、誰も聞いていなかった明石順三のこの最後の証言を記録にとどめました。

この最終証言において、明石は彼が獄中で神道および仏教の経典を読んだことから何を学んだかについて、何も述べていません。彼は、おそらく自分の息子の転向について聞いたことから、この問題について黙っておくという知恵を引き出したのでしょう。もしも彼自身が神道や仏教について感想を述べたとしたら、それを当時の政府がどのように利用するかということについて、明石は十分の想像力をもっており、その故に、彼がすでに獄中で到達した宗教観がねじ曲げられて社会に伝えられる可能性を排除しました。ここには実際政治の裏表をよく知っている練達した政治家の判断が、示されています。明石順三が戦後に亡くなってから、彼のより若い弟子である村本一生は、この人もまたその信念を貫いて戦争の終りまで牢獄に残っていた人ですが、「ひとくちに尽くせば完全な常識人だった」と明石順三の人柄を述べています。

敗戦ののちに、明石順三は釈放されました。獄中を彼とともにすごした四人のうち、彼の妻ともうひとり朝鮮人の信者とは、敗戦までに亡くなっていました。残った三人のうち一人の朝鮮人は、祖国に帰っていきました。明石と一人の若い女性信者は、生き残って戦後の日本に暮らしました。明石は三度目の結婚をし、獄中に信仰を貫いた若い女性を養女としました。彼女は重い病気に罹っており、回復のために長い年月を必要としました。陸軍の監獄から釈放された村本一生とともに、明石一家は栃木県鹿沼に引退し、長い戦争の年月を通して信仰を守ったこの集団の中で質素な暮らしを続けました。お互いのあいだでは、戦争中のことについてはほとんど話をしなかったそうです。彼らは戦後の日本では灯台社の活動から切り離され、灯台社と別の新しい宗教運動を起こすことをしませんでした。

日本の敗戦から二カ月たって明石順三たちの釈放の知らせが米国の灯台社本部に届いた

とき、本部はお祝いの電報を彼らに打って、彼らを援助するために一船分の食糧、その他の資材を送るといってきました。ところが米国における灯台社の戦時の活動についての報告を読んでから、明石順三は村本一生の協力を得て、本部の活動が宗教集会に国旗を立てたりして国家を崇拝するという行為を行なったことを批判しました。明石はこのとき、ほかの日本人がしていたように皇居前で最敬礼をすることを拒絶したために拷問を受けたり、ある場合には獄死したりした日本の灯台社の信者たち多くのことを思い出していたにちがいありません。ノール会長は、この人は灯台社の第三代目の会長でしたが、明石を灯台社日本および朝鮮支部長の地位から追放しました。そして明石に対する返答の中で、「エホバの魂をもってあなたの公開状を読むものは誰でも、あなたが遠くラッセル牧師の時代から今日までの多年のあいだにわたって偽善者であったことをたやすく見破るであろうと確信しております」と書きました。こうして明石は、灯台社の公の歴史から抹殺され、現在日本で復活して戸別訪問を通して信者をふやしている灯台社の人たちのあいだではまったく知られることなく、彼らのもっている灯台社の歴史の本の中には登場しません。

灯台社、ホーリネス、セブンスデイ・アドヴェンティストなどの小さいキリスト教宗派が、戦争に対して批判的な態度を中日戦争の初期の段階からとっていたということは、これらの宗派が、戦争によって利益を得ないばかりか、強い打撃を受けている下層社会の人々に訴えていたからです。この戦争の初期の段階では、大学に進んでいる青年たちは徴兵猶予の恩典を受けていましたが、高等教育を受けられなかったものは、満二〇歳になると徴兵検査を受けなければならず、健康上合格すれば、軍隊に入隊することになって、同じ年配の大学生たちにくらべてはっきりと高い死亡率に直面していました。さらにもう一つ、灯台社の場合には、その信者の中にたくさんの朝鮮人がいました。このことは戦時の獄中に信仰を守り続けた五人の人々のうち二人が朝鮮人であったということからも推定できます。

より大きな宗教団体は、キリスト教の場合には聖公会を例外として、政府の戦争政策に積極的に協力しましたが、内村鑑三の影響下にあった知識人の小グループは、戦争に対して批判的な態度を守り続けました。経済学者矢内原忠雄、政治学者南原繁などは、この内村鑑三門下の無教会派に属しました。この二人はともに日本降伏後に東京大学の総長となりました。

仏教の教団の場合には、ごくわずかの例外を除いて、中国侵略を神聖な戦いであるとする運動の先頭に立ちました。例外は、妹尾《せのお》義郎の主宰した新興仏教青年同盟でした。妹尾は、あらゆるものがお互いに頼っているという事実、つまり縁起の法を拠り所として、この法をはっきりと見て生きていく上では人間解放の根本態度は個我と私有の否定ということに基づく共同の社会生活を目ざすべきであるという考え方を唱えました。この立場から、当然に帝国主義戦争反対という考え方が出てきます。このグループは農村の下層の人たちのあいだで宗教活動を進め、必要があるときには無料の葬式を行って奉仕しました。しかし妹尾は捕えられてからのち戦争の最終段階に転向を声明しました。(6)

柳宗悦の主宰した民芸運動は、仏教美学に基づく工人の尊重という考えを推し進め、戦争の集団熱狂から自分たちを守り抜きました。(7)

戦争の初期に都市下層階級の中にあった厭戦感情は、日蓮宗の仏教運動のひとつの現れとして、牧口常三郎および戸田城聖の指導下にある創価学会を通して表現されました。(8) また都市だけでなくて農村の下層階級の反戦感情は、出口王仁三郎の指導下にあった大本教という神道の宗教運動、御木徳近の指導下にあったひとのみちという神道系の宗教運動、大西愛治郎の指導下にあった天理本道というこれまた神道系の宗教運動にはけ口をもちました。(9) これらの運動の中から何人もの逮捕者が出て、獄中で死んだ人たちもおります。敗戦まで生き残っていた人たちは、これもまた転向を拒否して自らの政治上の信念を変えなかった日本共産党の生き残りの人たちとともに、日本降伏後に獄中から解放されました。

日本の降伏にすぐ続く時期に、共産主義者で転向を拒絶して戦争中を貫いた人たちは、共産党支持者のつくり出した伝説の中心となり、十数人の非転向共産党員は共産党の不謬性を体現する人たちとみなされました。この人たちに批判を加えた最初の人の一人が吉本隆明(一九二四—)で、彼は戦争中に育ったより若い世代に属していました。(10) 彼が一九五九年に発表した「転向論」は転向を拒絶した共産党指導者についての批判を含んでいました。吉本は、同時代の状況との接触を失うということにおいて、これら獄中共産党員による非転向は、転向を受け入れた人々の思想と転向を受け入れたもと共産主義者の思想と同じく不毛な実りのないものであったと論じました。それは原理を原理としてただ機械的に確認する作業であって、いまこの時代とどのように取り組むかについての指針を与える上で有効性をもたない、と彼は論じました。ただしここでは非転向という状態が不動の状態ではないという事実が、見落とされているように思います。生身の人間の行動は、ある行動をしないでそれを抑制するという状態をも含めて、それはいつも揺れ動いている過程にあります。人間はどういう状態においても、揺れ動くということから自由になるものではありません。そしてこの揺れ動くという状態において、人は自分自身を何かの根本的な価値基準によって支える必要があり、その根本的な価値基準は、言葉の本来の意味において、宗教と呼ぶことができます。十数人の共産党指導者の場合、彼らは獄から出てきたときに、彼らの政治上の意見を彼らが獄外にあって活動したころの一九二〇年代の左翼知識人のあいだで用いられていた言語やものの言い方によって発表しました。それは、一九二〇年代の東大新人会の人たちの文体であって、ふたたびヨーロッパ渡りの翻訳語を通してでした。それは敗戦直後の日本に住む人々の生活感情から切れていました。

非転向のまま獄中に残っていた共産党員の一人であるぬやま・ひろしは、降伏と釈放から三〇年もたったのちに、彼の死の直前にこのようなことを言いました。「戦争が終ったときに私たちは疲れきっていて考える力というものをほとんど完全になくしていました。そのときに占領軍の士官がきて私たちを釈放するということを伝えました。徳田球一は私たちの中でただ一人元気で私にこの占領軍の申し出を受け入れるべきかどうかということを尋ねました。そのときに私はもう考える力がなかったので彼が正しいと思うようにするようにと答えました。ですからいま私がこんなことをいうのは当時の自分の先見の明を誇っていうのではないのだが、私はあのときにこう答えるべきだったといまは思うのです。日本人がやがて私たちを自由にするまで私たちは獄中にとどまっているべきだ、というべきだったなと思います。[11]」

このことと少しちがうようですが、灯台社の信者として陸軍刑務所に敗戦までとどまっていた村本一生は、やはり敗戦から三〇年たって、こんなことを言いました、いまならば皇居まで行って天皇陛下万歳を唱えられそうな気がしますと。[12] この同じことを彼は戦争中に、中国に対する戦争が続くかぎりしなかったのです。同じ行動にしても状況の中でちがう意味をもつものです。このことを彼は師である明石順三と同じように完全な常識人として、理解していました。そのように同時代の状況をしっかりととらえて判断し行動するということは、海外の思想を輸入してそれを大前提としてそこから論理だけによって同時代の状況についての判断を導き出すという考え方の流儀とは、ちがうものです。

（1）田北耕也『昭和時代の潜伏キリシタン』(日本学術振興会、一九五四年。国書刊行会から一九七八年再刊)。

（2）中村元『東洋人の思惟方法』上・下(みすず書房、一九四八—四九年)。

（3）阿伊染徳美『わがかくし念仏』(思想の科学社、一九七七年)。

（4）灯台社の本部から発行されている歴史は、次の本である。

Watchtower Bible and Tract Society of Pennsylvania, *Jehovah's Witnesses in the Divine Purpose*, Watchtower Bible and Tract Society of New York, Inc., 1959.

明石真人については、笠原芳光「兵役を拒否したキリスト者」(初出、『思想の科学』一九七〇年一〇月号、後に思想の科学研究会編『埋もれた精神』に収録)に記録がある。

明石順三と内村鑑三の関係については、高阪薫「明石順三と須磨浦聖書講堂」(『思想の科学』一九七三年二月号)にくわしくえがかれている。

他のキリスト教徒に対してしばしば示された内村の狭さについては、太田雄三『内村鑑三』(研究社、一九七七年)に内村の偉さとともに忘れずに描かれている。

灯台社とともに弾圧を受けたキリスト教の宗派ホーリネスについては、米田豊・高山慶喜共著『昭和の宗教弾圧』(いのちのことば社、一九六四年)。

ホーリネス派が弾圧を受ける原因として、「北海道の一青年牧師が、神社問題で不穏の言動を用いた為、検挙されて拘置中自殺した事件」を当人の名をあげずにこの本では書いているが、その青年については阪本幸四郎「小山宗祐牧師補の自殺」(『思想の科学』一九六九年一二月号、一九七〇年一月号)がある。

戦時下の宗教人の抵抗を全体として見わたした仕事に同志社大学人文科学研究所編『戦時下抵抗の研究』全二巻(みすず書房、一九六八―六九年)がある。

(5) 阿部知二『良心的兵役拒否の思想』(岩波新書、一九六九年)は、日本の近代史における数少ない兵役拒否の例をたどって、日露戦争当時の矢部喜好、太平洋戦下の村本一生、浅見仙作、政池仁をあげている。他にラゲルレーヴの小説『エルサレム』を戦争下に訳したイシガ・オサムがいる。

(6) しまね・きよし「新興仏教青年同盟――妹尾義郎」(思想の科学研究会編『共同研究・転向』上巻、平凡社、一九五九年)が、妹尾義郎の転向について書かれた最初の論文である。当時、妹尾は存命で、この論文について不満を表明した。その後、よりひろく資料を調べて書かれた稲垣真美『仏陀を背負いて街頭へ――妹尾義郎と新興仏教青年同盟』(岩波新書、一九七四年)、林霊法「戦える新興仏教青年同盟」(『現代思想と仏教の立場』百華苑、一九六二年)が出た。妹尾の死後、中濃教篤・稲垣真美共編『妹尾義郎日記』全七巻(国書刊行会、一九七四―七五年)が刊行された。

(7)　柳宗悦が一九三一年から五一年まで発行した雑誌『工芸』は、戦争に対する民芸運動の対し方をよく伝える。もっと短い期間ではあるが、十五年戦争開始の一九三一年から三三年にかけて柳宗悦が寿岳文章とともに編集刊行した雑誌『ブレイクとホヰットマン』は、その編集後記に柳の歯に衣きせぬ満州事変批判を読みとることができる。

『柳宗悦全集』(筑摩書房、一九八〇―八二年)に収録される文章のうち、朝鮮と沖縄についてのものが、柳の十五年戦争下の考え方の根本を示している。

(8)　牧口常三郎(一八七一―一九四四)は、カント哲学に基づく思想体系、日蓮正宗に基づく宗教観に支えられる教育思想を構想し、運動をおこしたが、戦時下に弾圧を受け、獄中でなくなった。その弟子戸田城聖は、牧口の思想をうけつぎ、戦後に運動を大きく発展させた。『牧口常三郎全集』全八巻(第三文明社、一九八一―八二年)。

(9)　大本七十年史編纂会編『大本七十年史』全二巻(宗教法人大本、一九六四年)。

ひとのみちについては、池田昭編『ひとのみち教団不敬事件関係資料集成』(三一書房、一九七七年)がある。

大西愛治郎(一八八一―一九五八)のひきいる「ほんみち」(もと天理本道)に対する一九二八年と一九三八年の二度にわたる弾圧は、多くの逮捕者と長い獄中生活にもかかわらず信仰を保った人びとを出した。村上重良『ほんみち不敬事件――天皇制と対決した民衆宗教』(講談社、一九七四年)。

(10) 吉本隆明「転向論」(『芸術的抵抗と挫折』一九五九年)。

(11) ぬやま・ひろしは、西沢隆二(一九〇三―七六)のペン・ネーム。獄中で敗戦を迎え、共産党中央委員となった。一九六六年に除名された。ぬやま・ひろしの名であらわした詩集『編笠』によってひろく知られた。親交のあった司馬遼太郎が、その肖像を小説『ひとびとの跫音《あしおと》』上・下(中央公論社、一九八一年)に書いた。

(12) この言葉は、村本一生が教条主義とは無縁に、状況の中に自由に生きていることを示す。

日本の中の朝鮮

一九七九年一〇月二五日

朝鮮と朝鮮人に対する日本人の態度を見ることを通して、私たちは日本人の思想を一種の分光器による分析にかけることができます。それは、右とか左とかいう政治思想の区分とはちがう、さまざまの考え方を表わします。朝鮮に対して日本政府が文明を押しつけようとしたこと、その文明というのは西洋化ということなのですが、そのことを少し前にお話ししました。一八七五年というずいぶん前のことで、明治維新政府が建てられてから八年ほどたったあとのことです。文明を朝鮮に対して押しつけるという考え方は、当時の日本の右翼、左翼の両方によって分かちもたれていたものです。

一八八四年に自由民権運動の二人の偉大な指導者であった後藤象二郎と板垣退助とは、朝鮮の伝統主義者の支配をひっくり返すための軍事クーデタを計画しました。後藤は朝鮮の総理大臣になることを夢見ていました。この計画は日本政府にもれてしまいました。日本政府はこの自由民権運動指導者の着想を自分のほうでとって、似た計画を実行に移しましたが、中国派遣軍の干渉によってつぶされてしまいました。一八八五年に自由民権運動左派の指導者大井憲太郎の計画で、伝統墨守の立場をとる朝鮮政府を暴力によって転覆する試みがありました。これは大阪事件と呼ばれていますが、実行直前に日本の警察におさえつけられてしまいました。大阪事件と呼ばれるのは、その実行本部が当時大阪にあったからです。

この時代には文明のハシゴという考え方が、日本国中の政治に興味をもつ人たちの想像力の中で、ひとつの実体観念として働き続けていました。右翼と左翼とを問わず、政治活動に入っている人たちは、朝鮮政府に対してこの文明のハシゴを一段登るように強制するためには、暴力を使ってもいいのだ、と信じていました。これは彼らの政治上の確信に基づいていました。

大阪事件の失敗にもかかわらず、朝鮮に対して文明を押しつけるという思想は、挫折しませんでした。ほかにも似たような計画を立てるものが続きました。樽井藤吉は、日本と朝鮮とを合わせてまったく平等な基礎の上に一つの国をうちたて、新しい名前をもつ新しい国家を生み出す、という構想を立てました(1)。この考え方は一九一〇年に日本政府によって最終的に実行に移されたのですが、それは樽井が夢見たように平等の基礎において行われたものではありませんでした。日本国が朝鮮国をとってしまったのでした。

この日韓併合という政府の行動が日本人と朝鮮人にとってどのように深刻な結果をもたらすかについて、想像をめぐらす力をもっている日本人は当時多くはありませんでした。石川啄木(一八八六―一九一二)という詩人は、その少ない一人でした。彼は朝鮮国の滅びた日にこれを悼む短い詩(短歌)をつくっています。(2)同じころに彼は評論を書いて、日本の自然主義文学が日本人の私生活を詳しく書く仕事だけにとらわれている状況を批判しました。もし自然主義文学者が勇気をもって日本人の生活を描くならば、国家が日本人の自由を窒息させている事実を描くべきであると彼はいいました。明治時代の終りに近く、一九一一年になって、「大逆事件」というものが報道され、その犯人とされた人々には、当時の指導的知識人が含まれていました。この人々の何人かは天皇を暗殺しようとしたという罪をかぶせられて、死刑に処せられました。啄木はこの事件に衝撃を受け、これを批判する覚え書きを日記に残しています。

当時最新のヨーロッパ文芸思潮の日本への輸入の形となった日本流の自然主義に対して、石川啄木の加えた批評は、当時の『中央公論』の編集者木佐木勝の日記の中に見事な例解を得ています。

『蒲団』という短編小説によって日本に自然主義文学運動を起こした田山花袋(一八七一―一九三〇)について、木佐木はこんな挿話を日録に書き残しました。(3)田山はそのころすでに中年に達した有名な小説家でしたが、一九二三年の関東大震災に際して朝鮮人が近所の井戸に毒を入れているという噂を信じて、朝鮮人を追いかけて殴りつけたといって、彼の体力を自慢していました。このような無責任な流言は、軍隊と役人との協力を得て広く東京と横浜に、一九二三年九月一日の関東大震災直後に広まっていきました。自ら警察官の役を買って出た自警団という民衆組織と警察官自身と軍隊との手によって、裁判にかけられることなく道端で六〇〇〇人の朝鮮人が殺されました。このような行為をした人々のうち、ほんのわずかのものが、日本警察によってその後逮捕されましたが、形だけの取り調べのちに、証拠不十分として、そのだいたいが、釈放されています。

日本人のうち、ほんの少しの人たちが、このとき抗議の声を上げています。たとえば千田是也(一九〇四—九四)という、のちに俳優また演出家となった人の場合です。彼は自警団によって道端で朝鮮人と見まちがえられ殺されそうになりましたが、ちょうどそのとき近所の人が通りかかって、彼が日本人であるということを証言したので、命は助かりました。このとき以後、彼は千田是也、つまり千駄ケ谷の朝鮮人という、もう一つの名前を、彼自身につけて生きることにして、今日に至っています。千駄ケ谷というのは、彼が朝鮮人とまちがえられて殺されそうになったその場所です。このまちがえられた朝鮮人としての自分の役柄を彼は受けとめて、その後の政治と芸術との双方の領域にわたる長い活動の推進力としました。

日本と朝鮮との関係をもう少しさかのぼって考えますと、徳川時代には、朝鮮から日本への使節団は、礼節と敬意をもって迎えられていました。朝鮮、日本双方の国において、教養というものは、中国の漢字を使って中国風の散文と詩を書く能力によって測られていたので、日本の知識人を凌ぐ力をもっている朝鮮の使節は高く評価されたのです。徳川時代の終りに近くなると、日本と朝鮮とのあいだに公式の交通がとだえました。

明治新政府設立の当時には、日本人の考えには朝鮮人に対してまったく中立の態度があったといっていいでしょう。そのあとで文明への情熱が日本の政府と国民とを虜《とりこ》にする時代がきて、それから日本人は、朝鮮人を見下すようになりました。

日本が一個の帝国主義国家としてさかんになって、日清戦争の結果、台湾をとり、日露戦争の結果として樺太をとり、また満州や中国東北部の鉄道使用権を獲得し、さらにまたその後朝鮮を併合したという過程の中で、だんだんに、朝鮮人を軽んじるという日本人の傾向は強まっていきました。日韓併合ののちに、日本の商人は、大挙朝鮮に渡って、脅迫から高利貸しや、ある場合には詐欺までにもわたるさまざまの方法を用いて、土地を自分のものにしました。多くの朝鮮人は、土地を失ってから、とくに第一次世界大戦以後の日本の急速な工業発達によって働く機会ができたので、それを求めて日本に渡ってきました。

一九二一年から三一年までの一〇年間に、約四〇万人の朝鮮人が、日本に移住しました。一九二三年に起こった関東大震災直後の日本人による朝鮮人の大量虐殺さえも、この移住を止めるには至りませんでした[4]。この大挙移住は、それほど深く朝鮮人の必要に根ざしていたからです。安い賃金で働き外国訛りで単純な日本語だけを話す朝鮮人労働者が日本に出現したことは、すでに日本人のあいだにできていた朝鮮人軽蔑をさらに深めました。

十五年戦争以前に行われた日本人の調査も、その後に行われた日本人の調査も、ともに日本人が朝鮮人を世界諸民族の中の最も低い位置においているということを示しています。日本の文学史では、明治以後日本人以外の登場人物の現われる小説がたくさん書かれました。これらの小説の中で、朝鮮人が重要な役割を務めるものはきわめて少ないのです。明治維新以後の近代日本文学については、大正民主主義の時代を通じて、昭和の十五年戦争の終りまで、それがあてはまります。

一九四五年の日本の降伏以後、戦後文学においては、朝鮮人を登場人物とする数多くの重要な小説が現われました。戦後日本の主要な小説家たちが、朝鮮人を登場人物とする作品を多く書くようになりました。松本清張、司馬遼太郎、開高健、井上靖、大江健三郎、小田実、小松左京、井上光晴などをあげることができます。世界諸民族について日本の文学者たちのもっていた明治以後から戦争の終りまでの価値意識は、戦争の時期を通して崩れていったといえます。

日本の小説の歴史でこの価値意識の転換をよく表わしている作品に、田中英光が一九四八年に発表した『酔いどれ船』があります。その作品は戦争中に作家自身が経験した事実に基づいています。この小説の背景となった歴史に目を転じてみますと、前に申し上げたように、日本人は、一九三一年に始めた宣戦布告なしの戦争を止めることができませんでした。だんだんに戦争に必要な労働者が不足してきました。このときに政府が考えたのは、労働力の不足を朝鮮で補うということでした。一九三九年に、日本政府は、朝鮮人労働者を日本に移す計画を内務次官と厚生次官の連名で発表しました。八万五〇〇〇人の労働者が、この計画によりますと、日本に移される予定でした。この計画が立てられたのは、一九三九年七月のことで、この年の九月から朝鮮人労働者の集団強制移住が、始められました。

一九四一年一二月八日に、宣戦布告された公然とした戦争が起こり、その後には、一九三九年に立てられた構想よりもさらに大きな朝鮮人強制連行の計画がたてられました。というのは、日本政府は、いままでよりさらに多くの朝鮮人労働者を、敗け戦さの故に必要としたからです。朴慶植の『朝鮮人強制連行の記録』(未来社、一九六五年)は、朝鮮人労働者がいかに集められ、その行方がどうなったかを戦後に調査して描いた最初の信頼できる書物です。そののちに、朴慶植は、『在日朝鮮人運動史』(三一書房、一九七九年)を書きました。この本によると、戦争中に日本に強制力をもって連れてこられた朝鮮人労働者は一五〇万人に達したということです。日本政府は、そのうちの六〇万人を炭坑に、四〇万人を軍需工場に、三〇万人を土木建設業に、一五万人を鉱山に、五万人を沖仲仕の仕事に割り当てました。このように朝鮮から日本本土へ移住を強制された朝鮮人たちとは別に、三七万人の朝鮮人が日本軍によって兵士ならびに軍属として使われました。またさらに数万人の朝鮮人女性が、軍隊における慰安婦としてつとめることを余儀なくされました(5)。

朝鮮人労働者は、作業の中の最も困難な部分を受けもたされました。彼らの労働時間は、一二時間から一四時間までに達し、その賃金は同じ職種に従事する日本人労働者の半分でした。当然に彼らは逃亡を計画しました。割り当てられた場所に彼らを住まわせておくために、警察が企業に協力して監督を手伝いました。朴慶植の推定によれば、一九四〇年から四五年にかけての日本における朝鮮人労働者の出遭った事故は、三〇万件であり、そのうち死者は六万人に達しました。

産業の領域でのこのような政策と並行して、言論の領域において、政府は、一九四二年から始めて大東亜文学者会議を三回にわたって開きました(6)。この最初の会議では、正式に用いられた言語は、日本語であって、日本語だけに限られていました。日本語以外の言葉への翻訳は、行われませんでした。朝鮮人にとっては、それは予期できないことではありませんでした。というのは、日韓併合以来、朝鮮人は、朝鮮語を奪われていたからです。朝鮮の学校においては、日本語が正式に教えられました。一九三九年、つまり「満州事変」から八年後、米英に対する宣戦布告よりも二年前に、日本政府は、すべての朝鮮人が日本人名前を採用すべきである、日本人名前に自分たちの名前を変えるべきである、という布告を出しました。この法律は、一九四〇年二月に実施されました。名前のある朝鮮人作家たちは、彼らの著作を彼らの採用した新しい日本人名によって発表しました。それらは、彼らが転向を強制されて抱くことになった日本思想に基づき日本語によって書かれた著作でした。

田中英光(一九一三―四九)がはじめて広く世間に知られるようになったのは、一九三二年にロサンゼルスで開かれたオリンピック競技大会に日本人のボート選手の一人として参加したときからです。当時彼は、早稲田大学政経学部の学生でした。彼は学生のころ兄とともに共産党運動の同調者として活動していましたが、十五年戦争の進行とともにここからそれていきました。『オリンポスの果実』は、一九三二年のオリンピック競技大会についての記録小説で、これによって田中英光は、新進作家として世に出ました。彼は、日本の横浜ゴムという会社の社員として朝鮮に住んでおり、その故に日本政府は大東亜文学者会議のために朝鮮人作家を組織する役に、彼を起用しました。小説『酔いどれ船』は、大東亜文学者会議を描いた最初の文学作品でした。(7) この小説の主人公は、ポケットにものすごく厚い札束を入れて、朝鮮の首都の町を彼の古い学校友だちといっしょにさ迷い歩いています。この学校友だちとともに、彼は、かつて左翼の地下運動に従事していたのです。やがてともに転向してからでも、自分たちは、まだ権力を否定するだけの勇気をもっているんだということを見せるために、酔っぱらって賭けをして、交番の中に入り込んで巡査の腰かけの座ぶとんの上に小便をしたりしたことがあったのを思い出します。そういう昔の記憶が戻ってきて、主人公は、友だちに、おいおまえのような意気地無しはこの広場のまんなかでクソもできめえと挑みかかります。そこで酔いにまかせて友だちは、京城でいちばん人通りの多い広場のまん中の噴水台に登っていって、その端にまたがってズボンを下ろし大便をしたあと、尻を半ば押し立てるようにしてペチャペチャ叩きながら「おい日本人がここにいるぞ。日本人王、わが尻を喰らえ」と大声で叫びます。ほんのちょっと前まで酔いにまかせてもっていた勇気がなくなってしまい、いまや彼は権力に対して転向した一人の哀れな卑怯ものでしかありません。主人公は、若いころにもっていた理想主義的な野心はどこやらにぬぎ捨ててしまい、いまや帝国主義日本の植民地に雇われている中年男にすぎず、暇のあるときには朝鮮の娼家でもてない時間を過ごし、いまや日本政府の言いなりに朝鮮人作家たちを組織する目的でこんなにたくさんのお金を受けとってしまっているのです。彼らが子どものころ教わった教科書によると、昔日本の勇敢な兵士が朝鮮人と戦って捕えられて捕虜になったとき、朝鮮人の言うままに日本の軍事行動の秘密を教えることをせずに、朝鮮王、実は新羅王なんですが、尻を喰らえと叫んで処刑されたということです。いまやこのよく知られている日本文学の糞尿に対する関心の伝統をまったく新しい文脈でこの小説は使いこなしました。むき出しにされた日本知識人の尻とそれからそこに落とされたクソとは、日本人が朝鮮人に対してもっている関係をそれによってこの作家が表現しようとしている重要な象徴です。ここではかつて日本人が左翼右翼にもかかわらず、信仰していた文明のハシゴという考え方が、朝鮮と日本の関係をとらえる上でまったく締め出されて、放り出されてしまっています。朝鮮と日本とを見る従来の枠組みが、ここで壊されました。朝鮮人を、また朝鮮人との関係において日本人を見る新しい枠組みとは、どのように彼らがともにそれぞれの重荷を担って悩んでいるか、その重荷を通して両者を見ることでした。このように新しい枠組みによって見ることを通して、日本人は、日本人自身よりもはるかに重い荷を背負って生きている朝鮮人に敬意をもって対することを学びうるところまできました。先進国と後進国とのあいだにこれまで設けられていた区分は、ここで打ち捨てられました。それが、十五年戦争が日本の何人かの作家に与えた影響でした。

田中英光の場合、転向という不名誉な体験を自分に対して仮借なくしっかりと握りしめたことが、彼に同じような転向を課せられた朝鮮人作家たちの悩みを理解する手がかりを彼に与えました。転向は、この場合二つの民族に属する作家たちを結びつけるひとつのきっかけとなりました。

先ほど申し上げたように日韓併合のとき、日本にはそのことに対する批判を表現する人は少ししかいませんでした。詩人石川啄木はその人たちの中の一人で、彼は急進的な社会思想家でした。保守的な文筆家の中では柳宗悦(一八八九—一九六一)は韓国についての配慮をはっきりと申し述べた数少ない人の一人でした。(8) 柳は、はじめイギリスから日本にきたバーナード・リーチという若い陶工の示唆で、李朝時代の朝鮮の陶磁器に心を惹かれました。朝鮮の陶磁器は、三〇〇年ほど前に豊臣秀吉が朝鮮を侵略したときにその部将が日本に持ち帰ったもので、それ以後茶道において高く評価されるようになりました。茶道で有名になった器が、実はもともと朝鮮においては日常雑器であって、無名の陶工によってつくられたものであるという事実に、柳は注目しました。それから彼は日本に目を転じて、日本の伝統の中にも同じような優れた工芸があったのかどうかという問いを自分に向けました。この探究は、やがて民芸運動と呼ばれて、日本の工芸復活の動きをつくり出します。

いまここでお話してきたことの脈絡の中で重要なのは、柳が、朝鮮の工芸に対してもつ愛着の故に、やがて日本政府が朝鮮における民族文化を破壊していく政策をとることに対してはっきりと抗議をしたことです。日本政府が、一九一九年に朝鮮の独立運動のデモンストレーションを仮借なく弾圧したことに対して、柳はいくつかのエッセーを書いてこれに抗議しました。何人かの日本人がこのような日本の政策に対して残念だという感情を持っているということを表現するために、お金を集めて日本に散らばっている朝鮮の芸術作品を朝鮮に持って帰って、一九二四年に朝鮮民族美術館という名で展示するという試みをしました。

彼は、注意深くその批評を工芸と美術の領域に限り、政治そのものについて直接に批判するということをあまりしませんでした。しかし日本の日韓併合から一〇年たっても二〇年たっても、彼はけっしてこの既成事実に屈することなく、日本と朝鮮とのことを「この二つのくに」と書くことをやめませんでした。この一貫した態度は、彼がすでにふみ込んでいた集団転向の時代には、きわめてまれでした。歴史家内藤湖南の指摘に基づいて、柳は、日本政府が国宝に指定した多くのものが、政府代表と国家主義者たちがこれらこそ日本文化の優越性を証明するものであると声高に説く風潮にさからって、これらは虚心に見るならば朝鮮から日本に移住した朝鮮の工人の残した仕事であると述べました。

一九三〇年代に起こった極端な国家主義の風潮は、純粋な混じり気なしの日本民族というものがかつてあってその先祖は天から下ったものであり、そしてその純粋な民族が優れた芸術作品をつくって今日まで残したのであると唱えていました。柳の批評活動は、日本文化についてのそのような極端な国家主義の風潮に対する、はっきりとした異議申し立てでした。

一九四五年八月一五日、日本降伏のときに、日本本土には二〇〇万人の朝鮮人がいました。占領軍とともに日本にきたエドワード・W・ワグナーは、その後『日本における朝鮮少数民族 一九〇四年―一九五〇年』(一九五一年)という本を書いて、当時占領軍は、日本在住の朝鮮人について詳しい指令を本国から受けていなかったと述べています(9)。ワシントンの米国政府は日本本土にいる日本人をどのように扱うかについて心を奪われていたので、日本に住んでいる朝鮮人について研究することを怠っていました。詳しい指令がないままに、占領軍は、日本在住の朝鮮人が朝鮮に戻る手助けをすることとし、その仕事を実行するに際して、民主主義と差別反対の原理とを守るようにと日本の役人に注意することはしましたが、全体としては細かい処置を、受持ちの日本人役人にまかせました。ということは、これらの日本人の役人は、降伏以前と同じ流儀で、朝鮮人を扱うという結果となりました。

　そのころに、朝鮮人は、彼らの生まれた国に帰りたいと思ったことでしょう。しかしそのころ、彼らの祖国は、北と南とに分けられ、それぞれちがう政治思想をもつ外国勢力の支配におかれていました。祖国分断というこの事情は、多くの日本在住の朝鮮人が積極的に帰ろうとしなかった一つの理由となりました。もう一つ、彼らが帰らなかった理由は、彼らが祖国に戻るとすればほとんど手ぶらで帰らなければならなかったということです。もっと詳しくいえば、彼らがもちかえることを許されたお金は、一〇〇〇円と定められていました。ということは、何年にもわたって日本できびしい条件で働いてつくり上げてきた財産のすべてをここにおいたまま帰っていけということでした。

　一九四六年一二月一日までで、朝鮮人を祖国に送り返す政府の計画は、終りました。その後何年かたってあとで再開されたことはありますが、このときが一応の打ち切りでした。今日約六〇万人の朝鮮人が、日本本土に残っています。その多数は、すでに在日朝鮮人として二代目、あるいは三代目に属しており、日本に生まれて育った人たちであり、また日本語の中で育った人たちです。日本人は、さまざまの調査が示すように、いまでも日本在住の朝鮮人に対して偏見をもっています。日本の企業での雇用の機会は、このような差別によって制約されています。日本人との結婚の機会もまた、同じような偏見によって妨げられています。このような条件に住んでいる在日朝鮮人は、日本人が日本人として過ごしている生活を理解した上で、その理解に基づいて日本を批判する見方を育ててきました。在日朝鮮人の人口は在日日本人の人口にくらべて少ないとはいえますが、この見方の故に彼らは日本文学に対して大きな貢献をしてきました。というよりも、もっと厳密にいうならば、日本語で書かれた文学に対する貢献であるといえます。それは文学としての質によって、またその取り上げる問題の性格によってです。

金時鐘は長編詩の本を二冊出しました(10)。一つは『新潟』と題され、そこから在日朝鮮人が日本に残る親類縁者から分かれて祖国に戻っていった港の名をとっています。もう一冊は『猪飼野詩集』という題で、それは大阪市の中の在日朝鮮人の密集部落で、そこは、日本に住みながら在日朝鮮人が自分たちの民族習慣を守って暮らしているところです。この二冊の長編詩は、明治維新以後今日までの一一〇年間に日本語で書かれた詩の中でほとんどこれだけが長編詩として残っているといって言い過ぎではないと思います。たとえばもっと前に白樺派の詩人千家元麿による『昔の家』などという長編詩があって、それは優れたものですが、未完に終っています。なぜ日本語で長編詩を書くという仕事が在日朝鮮人の詩人によって達成されたのかということは、日本に住む日本人がこの土地の社会生活の細かい部分に興味を拡散していくのに対して、在日朝鮮人は日本社会の中で除け者にされ圧迫されている故に日本の社会の総体を見据えることができるというその視点に由来すると私には思えます。彼らは日本に彼らが連れてこられて以来の歴史を考えないと、なぜ自分たちがここにいるかがわからないし、またその後に特別の理由がなく日本人から差別されているということのそのわけもまた、歴史にさかのぼって考えてみないと自分としてはわからないということがあって、その故に現在の日常生活を見るのにも歴史の視野を通して見ることを学んできました。おそらくもう一つの理由は、在日朝鮮人によって日本語で書かれた詩作品の中にも、朝鮮の物語詩の影響がしみ透ってきているということではないでしょうか。日本人はそのような物語詩の伝統をもっていません。明治時代にこれも優れた文学者ですが、中勘助が、長編詩を書こうという望みをもち努力をしましたが、日本語では長編詩を書くのが不可能に近いという結論に達して、その後彼はお伽噺風の物語を書くことに転じました。それよりさらに若い時代の千家元麿もまたさっき申したように『昔の家』という長編詩をロシアのプーシキンの『エフゲニー・オネーギン』の影響で書き、それは彼の生まれた家の明治初年の風景を見事に写したとても面白い詩なのですが、それを完結するには至りませんでした。

金達寿は、一九五八年に『朴達の裁判』という中編小説を書きました(11)。その主人公は南朝鮮の労働者で、これは敗戦後のことですが、当時の専制政府を批判するポスターをあちこちに貼って歩き、そのために逮捕されるとすぐにそこで後悔して泣きわめいてけっしてこんな犯罪は繰り返しませんという約束をして釈放されます。それからまた同じことをやってまた逮捕されると、こんどもまた同じように泣いて後悔して釈放される。そしてつぎからつぎへそういうことをやって、そのたびにつかまえる警察官から軽蔑の目をもって見られるというそういう人なんです。なぜ彼がこんなことを続けていけるかということは、警察官の軽蔑を招くようなその彼の生き方の流儀にあるのです。この小説は、転向というものについての日本の知識人の見方がもっているサムライ風の姿勢、硬直したスタイルを批判するために、在日朝鮮人の金達寿によって書かれたものです。金達寿の見方からすれば、硬直した日本知識人の転向観は、明治以前の武士階級文化の不幸な遺産であって、明治以後の文化は、それ以前の武士階級の徳目を日本国民の全体に広げることによって、日本の人民から弾力性のある活力を奪ってきたというのです。金達寿のように八歳のときに日本に移ってきて、小学生のころからクズ屋の仕事などをして働いて家族を養ってきた人からこの批判を受けると説得力があります。

高史明はもう一人の朝鮮人小説家で、この人は朝鮮から移住してきた両親のあいだに日本で生まれました。彼の書いた自伝的な長編エッセー『生きることの意味』が一九七五年に出ました。(12) この本の中で、彼は、日本の小学校にいくときに、もうすでに小学生だった兄さんにつくってもらった日本人名前をもって通学し始めたと書いています。このようにして彼は読み書きを覚えることを通して日本人になっていき、だんだんに日本政府の立場と彼自身とを一体にして考えるようになって、そのために日本政府が一九四五年に降伏したときには自分自身がもう失われてしまったように感じました。そのときから、彼の父親がどのように生きてきたかということが、だんだんに彼の中に新しい意味をもって戻ってきます。高史明のお父さんは沖仲仕で、同じように朝鮮からきた沖仲仕のあいだで働いていました。ですから彼にとっては、日本語を覚えるということは仕事の上でも必要がありませんでした。そこで家庭でも彼は、朝鮮語以外に何も話しませんでした。彼は、自分の料理した朝鮮の食べものを食べて暮らしていました。というのは、早く彼の妻を亡くしていたので、幼い息子たちを養うのに、彼は、家の仕事も受けもたなければならなかったからです。息子たちが小学校へいくようになると、そこでニンニクの匂いがして臭いといってはずかしめられるものですから、息子たちはあまりニンニクを料理に使わないでくれとお父さんに苦情をいいますと、お父さんは怒って朝鮮人が朝鮮の食べものを食べて何が悪いんだといったそうです。こんなお父さんですから、息子たちが自分たちで決めて自分の名前にしている日本人名前などというものはまったく気にもかけませんでした。彼は、朝鮮人が朝鮮人の名前を捨てて日本人名前に変えなければいけないなどという、日本政府のつくった法律について何の知識ももっていませんでした。在日朝鮮人の労働者仲間と職場では暮らし、そして幼い息子たちと家庭で暮らし、そういう暮らしの中で彼は、朝鮮人の暮らしの流儀をそのまま守っていました。彼は、いつも自分の次男、つまりこの本の著者のことを「チョムサン、チョムサン」と呼んでいました。それは息子が生まれたときに息子につけた名前で、彼は生きているあいだその名前で息子を呼び続けました。このことすべての意味が、戦争が終ったあとの混乱の中で、高史明にわかってきました。どのような困難の中で、父は生きてきたのか。ただ自分の息子をチョムサンと呼び続けることの中に、どのような意味が含まれていたのか。「チョムサン」は単純な言葉ですが、この言葉の中には十五年戦争時代の軍国主義を通してでも日本政府が砕くことのできなかったある種の態度、見方があります。高史明の『生きることの意味』は日本社会の中に生きる在日朝鮮人労働者の状況、そしてその彼らの属していた階級と民族に根ざす、非転向のひとつの実例に光を当てたものです。

(1) 樽井藤吉『大東合邦論』(一八九三年)。樽井藤吉(一八五〇—一九二二)。

(2) 地図の上　朝鮮国にくろぐろと
　墨をぬりつつ　秋風をきく

日韓併合の後に数多く短歌はつくられたが、その中でこの歌はめずらしい作品となっている。日本文学におけるこの作品の孤立を、はっきり認める必要がある。

石川啄木(一八八六―一九一二)はおなじころに、評論「時代閉塞の現状」(一九一〇年)を書き、日本の自然主義文学が、自分たちをしめつけている国家の実態を直視すべきだと説いた。

(3) 木佐木勝『木佐木日記』(図書新聞社、一九六五年)。

(4) 一九二三年九月一日、関東大震災直後に東京と神奈川で日本人に殺された朝鮮人は、当時上海にあった朝鮮独立運動の機関誌『独立新聞』の社長全承学がひそかに東京に入って、李鉄、朴思稷、閔錫鉉、李昌根、崔承万、李根茂など留学生を中心とする十余人の共同調査で一一月末までに調べた結果、六四一五人であるという。

吉野作造が赤松克麿の助力を得て一〇月末までに調べた結果は、二七一一人であるという(姜徳相『関東大震災』中公新書、一九七五年)。

(5) 朴慶植『朝鮮人強制連行の記録』(未来社、一九六五年)。

(6) 尾崎秀樹「大東亜文学者大会について」(『旧植民地文学の研究』勁草書房、一九七一年)。

(7) ひろく近代日本文学にあらわれた朝鮮人の像をとらえた労作に、朴春日『近代日本における朝鮮像』(未来社、一九六九年)がある。

さらにその後、高崎隆治「文学にみる朝鮮人像」(『三千里』二五号、一九八一年二月発行、春季号)が書かれた。この論文は戦争下の日本人が朝鮮人について書いた文章にもまだ選択の幅があったことを示す。

(8) 柳宗悦が朝鮮人の白の好みと朝鮮芸術における線の美しさとを、朝鮮人の悲哀の表現と見たことに対する朝鮮人自身の批判は、崔夏林「柳宗悦の韓国美術観」(柳宗悦著・李大源訳『韓国とその芸術』〈一九七四年、知識産業社、ソウル〉の解説)、金達寿「朝鮮文化について」(『岩波講座 哲学』第一三巻『文化』岩波書店、一九六八年八月)、さらに金潤洙、文明大、キム・ヒョン、金両基の発言にあらわれた。

高崎宗司「柳宗悦と朝鮮」(『朝鮮史叢』第一号、一九七九年六月)は、これまでに韓国人によって書かれた柳の朝鮮論批判をひろく見た上で柳の著作を位置づけた。

李進熙「李朝の美と柳宗悦」(『三千里』第一三号、一九七五年二月号)は、柳の不備を批判するとともに、柳の著作そのものの中に初期の見解を正す努力があることをあわせて指摘した。

(9) Wagner, Edward Willet, *The Korean Minority in Japan, 1904-1950*, New York; International Secretariat, Institute of Pacific Relations, 1951.

エドワード・W・ワグナー著『日本における朝鮮少数民族 一九〇四年―一九五〇年』(湖北社、一九七五年)。

(10) 金時鐘『新潟』(構造社、一九七〇年)、同『猪飼野詩集』(東京新聞出版局、一九七八年)。

(11) 金達寿『朴達の裁判』(筑摩書房、一九五九年)。

(12) 高史明『生きることの意味』(筑摩書房、一九七四年)。

非スターリン化をめざして

一九七九年一一月一日

一九一七年一一月のロシアのボルシェビキ革命は、文明のハシゴを一つの実体のように思いなしてきた日本人の想像力に大きな刺激を与えました。その刺激は、東大新人会という組織を通して、日本国中の知識人と知識人候補として自らを擬していた青年たちに広まりました。一九一九年に設立された国際共産党は、一九二〇年に入って日本の左翼運動と接触をもつようになりました。一九二二年に設立された日本共産党は、その設立者の中に、それ以前の時代のさまざまな傾向の社会主義者で、たとえば日露戦争中に反戦を繰り広げ、また大逆事件のデッチ上げを何とか免れて生き残ってきた人たちをも含んでいました。しかしその人たちの折衷的な社会主義理論と主として体験から導き出された考え方とは、いまや社会主義に向かう西洋文明の中の最も進んだ国から直接に輸入された思想にふれた若い大学生たちによって軽んじられるようになりました。新世代に属する日本の社会主義理論家の多くは、一般理論から出発して現状況についての結論に下りてくるというやり方をソビエト・ロシアについてもとりました。彼らは、このソビエト・ロシアという国を、それが理論の要請に基づく論理的必然性によって世界の労働者階級の唯一の祖国として完全な社会を代表する国家であるという見方を日本の同時代に与えました。その後に起こった革命運動初期の指導者たち、トロツキー、ブハーリン、カーメネフ、ラデック、ジノビエフたちに対する裁判についても、ソビエト政府のとった処置が正しいという結論がまず導き出され、この裁判に対する疑いがこれらの社会主義理論家たちによって日本で繰り広げられるということはありませんでした。

日本共産党設立の当初、その指導者であった山川均(一八八〇—一九五八)は、大逆事件以前の時代からの社会主義運動の生き残りの一人で、日本の左翼知識人が労働階級の生活の中にある生きる糧を得るための毎日の努力にもっと共感をもたなければならない、それに自分たちを結びつけなければならないと助言しました。この考え方は、新しい時代を代表する若い大学教授でドイツに留学して共産主義理論を原書で学んできて帰ったばかりの福本和夫(一八九四—一九八三)によって否定されました。福本は彼なりのレーニン主義の解釈に基づいて、まず大衆からインテリ知識層が自らを分離し、急進的知識人として理論武装を徹底することが、やがて左翼大衆運動と彼らがより大きな団結をする前の必要条件であると書きました。分離結合理論といわれるこの福本の組織論は当時の社会主義知識人のあいだで勝利を占め、福本は、共産党設立以後の初期の指導的理論家となりました。福本を含めて、当時の指導者たちは、その後モスクワに呼ばれ、モスクワ在住の国際共産党指導者たちによってこの福本理論は否定され、そのかわりに国際共産党は、日本共産党に一九二七年テーゼを活動の指針として手渡しました。二七年テーゼは日本の現状を絶対主義的半封建的な天皇制下にあるものとし、農村地域に半封建的な地主・小作関係が残っている側面を指摘しました。このような状況では、日本ではまっすぐに社会主義革命に向かうという機会は、成熟していない。まず必要なのは、労働者と農民を中心とするブルジョア民主主義革命である。このような革命を通して、天皇制の廃止と封建的地主制の解体が実現されなければならないとしました。この考え方はさらに一九三二年テーゼによって明確にされました。これらのモスクワにおいて起草された指針が、日本共産党の活動の戦略の基礎となりました。天皇制の完全廃止という、この妥協なき主張に基づく忠実な闘争は、一九三五年までの短い期間に、日本共産党をほとんど壊滅するに至る結果を招きました。日本革命の指針は、当時の日本のまじめな青年たちの多くをとらえました。多くの青年たちは、警察の脅迫にもかかわらず、私心なく努力しました。その命をなげうって目的のために尽くした人びとは、少なくありません。

一九三一年に中国に対する日本侵略が始まってから二年の後に、日本共産党同調者の集団転向がおこり、日本共産党の旗を守るということは大変な勇気と長期にわたっての非妥協性とをもつことを要求しました。十数人が長い獄中生活に耐え、何人もが獄中で死亡し、戦争の終りまで生き残りました。この人たちは、一五年間の政府の軍国主義宣伝にもかかわらず、ソビエト・ロシアの国際共産党によって起草されたテーゼの科学的真理に完全な信仰をもち続けました。この人たちにとって、ソビエト・ロシアの国際共産党本部が与えた指針を疑うとか、批判するとかいうことは、論外のことでした。この時代に日本共産党から離れていった人たちは、少なくともその転向の時においては、国際共産党から発せられた指針が日本での活動にとって不十分であるという認識をもっており、そのような認識が彼らの転向に際して重要な役割を演じました。

かつて日本共産党委員長であった佐野学(一八九二―一九五三)は、転向声明において、日本共産党が国際共産党に対して盲従することを批判し、日本において天皇のもとに一国社会主義を目ざす新しい党をつくることを呼びかけました。彼がそのとき国際共産党の指令から日本共産党は自らを解き放つべきだと述べた批判は、説得力をもっていました。イタリアとフランスにおいては、ソビエト・ロシアの指針から独立した判断に基づく社会主義の理論が発達し、そのような独立の理論と並行してファシズムと軍国主義に対する批判活動が、その理論に基づいてくりひろげられました。これに反して日本においては、佐野学の提唱した一国社会主義は、理論構造だけをとってみればスターリンの一国社会主義に似ているにもかかわらず、今日から振り返ってみれば、国際共産主義から離れるとともに天皇の政府の政策への批判を同時にやめるようにという呼びかけとなったことが明らかです。日本に当時起こりつつあった軍国主義を、ソビエト・ロシア政府の判断から独立した立場から批判し続けていくという課題に対して、佐野学と彼に続く党派とは、一九三三年の転向声明以後の年月においては、答えるところがありませんでした。

埴谷雄高(一九一〇—九七)の場合、彼は佐野学たちが投獄されてから、年長の党員がいなくなったために、わずか二〇歳そこそこで共産党の指導者の位置にのぼせられた人ですが、転向は、佐野とはちがう航跡を生み出しました。埴谷は、一九三三年に佐野たちに続いて獄中で転向した共産党員の一人です。検事を前にして取調べの書類をつくられながら、彼は、自分の今考えたり言ったりしている事柄が、目の前で、原資料とはちがう形式を与えられているのを見ました。ここで彼は、検事によってつくられている日本政府の公式の歴史と、獄外に残っている指導者たちによってつくられている共産党の公式の歴史とのあいだに生じた裂け目に、自分が落ち込んでいることに気づきました。自分自身が公の歴史記録から放り出されていることを自覚するということは、彼以外の実にたくさんの人たちが同じようにまったく知られない死を死んでいるにちがいないということを彼に気づかせました。この自覚をもって書くことはできないだろうか。それが彼にとってひとつの希望となり、その希望にすがって、彼は長い戦中の年月を生き続けました。その間に彼は、経済問題についての小さな雑誌の編集をしたり、さまざまの書物や記事の翻訳をしたりして暮らしを立てていました。このように戦争にとらえられた一人の無名の平均的な日本人として俗生活を生きながらも、埴谷は、自分自身を二つの役割に割って、もう一人の自分が転向のその時点に座り続けてそこで彼にとって見えてきたものをけっして見失うまいとする努力を、彼内部のもうひとりの人で俗人としてはたらくものが助けるという二重生活を保っていました。日本が降伏したのちに、埴谷は、戦中の日々に彼が信頼するに値すると発見した六人の友人たちとともに、一九四五年の末に『近代文学』という同人雑誌をつくりました。それは戦後の日本人の考え方を形づくる上で大きな影響をもちました。(1)

戦中の年月に埴谷は、翻訳を別として、二つほどの小さい作品を活字にしただけでした。一つは一九三九年に発表された「洞窟」という空想小説で、もう一つは「Credo Quia Absurdum.——不合理ゆえに吾信ず」と題して格言を集めたものでした。(2)難解なこれらの作品の中に、彼が生涯の仕事とすでに決めていた長編小説『死霊』の主題が、隠されていました。『死霊』は、一九四六年から連載の形で発表されまだ完成してはいません。おそらく完成しないだろうと、作者自身が、いっています。この作品は、歴史上の特定の人物を描いているのではなく、また地球上の特定の場所を描いているのでもありません。埴谷の方法は、獄中で構想されたものですが、それは空想を空想として描くことで、作者の思想をひとつの合理的な社会哲学、社会思想の体系として、あるいはまた現代史のある事実についての記述として提出するという努力ではありません。このようなものとして一九三〇年代に構想されたこの作品は、ただの空想上の表現であるという形をとりながら、同時に、獄中におかれた一人の人間からなされた、日本共産党ならびにスターリン支配下のロシア国家に対する妥協のない批判でした。

『死霊』は、小説というべきものなのかどうなのか迷うような表現の形ですが、それを小説と呼ぶこととして、それは歴史上のいかなる事実とも人物とも関係がないのですが、しかしこの小説には、一九三四年に起こった日本共産党リンチ事件の刻印が、押されています。(3) このリンチ事件には、現在の日本共産党の委員長が、当時の共産党中央委員会の二人のメンバーがスパイであるという容疑について、党の立場からこの二人を査問するという資格で同じ中央委員会のメンバーとして出席しました。スパイの容疑を受けた一人は神経性のショックで査問中に死亡しました。もう一人は、この人は今日では当時の日本の特高警察から共産党に送り込まれたスパイであったことがはっきりしており、そうであったことを彼自身が戦後に生き残って証言をしているのですが、このもう一人の仲間であるスパイの死によって起こった混乱に乗じて、この閉じ込められている場所から逃げてしまいました。当時の新聞は警察に協力して、この事件を共産主義の非人間性を証明するものとして大いに書き立てました。いまお話ししている現在からほんの二年ほど前ですが、日本の議会で民主社会党の代議士が、日本共産党の委員長は一九三四年のこのリンチ事件に参加しているのだから、この責任を追及して彼を議会から除名すべきであると提案しました。このような、いまの日本にも強く残っている当時のリンチ事件の見方とは、埴谷の見方はちがっています。彼はこの事件を、閉ざされた部屋で仲間からの査問によって死に追いやられた犠牲者の立場から見ます。彼はまたこの事件を、結果としては警察の密偵であった党中央委員会メンバーの仮りの妻として党から割り当てられた女性の立場からこの事件を見ます。この女性は警察の密偵の情人となったことについての彼女の恥について書いた文書を残しています。彼女はのちに自殺しました。埴谷はこれらの犠牲者の声がそこでこだまするような一個の闇箱を小説の中心におきます。この架空の電話装置を通して、かつてリンチの現場におりいまは死の床にある主人公は、そのときに死に追いやられた裏切り者の霊と会話を交わし、またさらにそのついでに、ついでといっては変ですが、宇宙の過程の最終の場所に立っている究極の物質とも会話を交わします。そのような極点から見ると、党の政治闘争は、ただ一つの過渡期の総和として見られます。その極点においては、すべてのものがすでに死んでおり、共産党も死んでおり、かつてその不謬性をもって自らに擬した共産党の指導者もまた、死んでいました。このような見方からすると、政治活動の真髄は、共産党の政治活動そのものを含めて、つぎのような単純なかけ声に集約されることになります。

あいつは敵だ。
敵を倒せ。

このような眺望を心中にもって共産主義社会実現のために働く人がいるとすれば、その人はやがてきたるべき共産党の死を心中におきつつ共産党のために働くことでしょう。その人物が共産党の指導者であるとすれば、その人はやがて来たるべき、また来なければならない指導の終末と指導者としてのみずからの死のために努力するでしょう。そのような展望をもってはじめて、その人は、共産党の活動のうちに、すべての権力は腐敗し絶対的権力は絶対的に腐敗する、というアクトンの格言の弾力性を生かすことになるでしょう。このような見通しを分かちもった人々は、戦争中の年月にはほんの少ししかいませんでした。左翼運動の指導者のうち佐野学にならって転向していった人たちの多くは、彼らのかつてのスターリンへの信仰から離れたのちには、中国、米国ならびに英国に対する聖戦を推し進める現天皇(昭和天皇)に対する信仰に立場を移していました。日本の降伏ののちまで非転向の立場を守ってきた共産党員たちは、急に日本の全社会からの注目を浴び、学生や若い左翼活動家たちの上に魔術的な影響力をもつようになりました。その影響力は彼らの指導のもとにある若い人たちに、非転向共産党員が十五年戦争以前の時代以来守り続けてきた考え方をうけつがせ、当時スターリンの指導のもとにあった国際共産党の不謬性への信念を彼らに植えつけました。一九五三年のスターリンの死とそれまで明らかにされなかった粛清に対する後継者フルシチョフの暴露演説がなされると、これまでそれほど注目されることのなかった埴谷雄高の見方が、理解されるようになりました。戦後の旧左翼幹部の指導にそれまでに幻滅する機会をもった多くの日本の若い人たち、幻滅しながらもなお左翼の陣列から去ろうとしなかった多くの日本の若い人たちが、埴谷の考え方を共感をもって迎えるようになりました。

一九六〇年という年は、戦争中の東条内閣の閣僚の一人であり、前にも申し上げた朝鮮人労働者の日本への強制移住と強制労働の計画を立案した高官の一人である岸信介が内閣総理大臣であって、こんどは米国に対する戦争ではなくて、米国と日本とのあいだに軍事協定を新たにするという決定があった年ですが、そのときにはこの軍事協定に対して日本共産党から離れた非共産党系の左翼学生たちが中心となって大反対運動が起こりました。このころになりますと埴谷雄高の著作は戦争中にくらべてはもとより、またスターリン批判のころにくらべてさらに多くの読者層を引き寄せるに至りました。埴谷は、吉本隆明とともに、六〇年代以後に日本でかなり大きな力となるに至る新左翼の先駆者として評価されるようになりました。彼の考え方はマルクス主義だけでなく仏教とジャイナ教の影響を強く受けています。それはある種の虚無主義の思想と考えることができます。

無の哲学は日本では西田幾多郎(一八七〇―一九四五)によって知られています。西田幾多郎は、三木清によれば日本で最初に独自の哲学体系を近代哲学史の上で打ち立てた人ですが、彼の考え方は政治思想においては無の立場を代表する人として天皇を理想化して考え、戦時に入ってからは天皇崇拝の流れに自分を投げ入れました。彼はやがて大東亜共栄圏思想という日本の戦争目的に関する文書を起草するところまできました。これと対照的に埴谷の虚無主義の思想は戦時中といえども天皇崇拝の中に包み込まれてしまうようなものではなく、スターリンに対する崇拝思想の中に包み込まれてしまうものでもなく、それらを踏み抜く虚無に達していたといえるでしょう。こうして埴谷は、非転向を貫いた日本共産党の少数の指導者たちを無条件で礼拝するという、戦後の日本の左翼の動きには同調しませんでした。埴谷は、敗戦後の日本で共産党の傍らに自分をおき旧左翼とともに闘うという立場をとりながらも、党の指導者の、ときとしてまちがった判断のゆえにつくり出された多くの犠牲者たちのことをけっして忘れることはありませんでした。彼は、共産党の指導層に対して、それから区分された平党員とさらにそのために働く大衆の立場に自分をおき続け、指導者たちがやがて消滅していくということの必要について固い信念をもち、またこのゆえに党の指導はつねに新しくされなければいけないという信念をもち続けました。こうして彼の見方は一九六〇年代から七〇年代にかけての若い急進派学生たちに強い魅力をもっていました。

戦争以前から、国際共産党の不謬性について完全な信仰をもたない集団も左翼の中にあって、その人たちは、労農党系の学者と運動組織者の中にかなりいました。なかでも山川均はその当時隆盛になりつつあった軍国主義に対してねばりづよい批判を続けました。彼は、新世代の指導者の分離結合を通して急進派の運動を浄化する、純粋化するという理論と衝突して、日本共産党から早く離れるようになりましたが、にもかかわらず日本の権力に対する批判的な立場を守り続けて、共産党系の指導者の多くが投獄されたり、あるいはまた転向して極端な国家主義者になったりしたあとでも、軍国主義に対する人民戦線の形成を党派と学派の区別なく訴えるということを試みました。このために彼は一九三七年になってほかの多くの労農派系の学者や運動組織者とともに中日戦争のまっただ中に投獄されたりしました。

山川はその長い生涯に何度も投獄され何度も釈放されたのですが、釈放された期間に、彼は商人として彼の生活を支えました。薬局を開いたり写真屋をしたり、印刷屋をも計画しましたが(これは実現するには至らなかったのですが)、ほかに酪農をやってみたり、おとくいさんのために手紙を書く代書屋の商売をしたり、広告屋をやってみたり、園芸をやったり、また養鶏場をつくって卵を売ったり、そういうふうなことをしました。それは彼より少しあとの時代の東大新人会の系統から育った左翼指導者の大部分とは流儀を異にした暮らしぶりでした。民俗学者柳田国男によれば、日本人は明治維新以後、それまでには日本全体の中のほんの少しの部分しか占めていなかった侍階級の暮らしぶりの理想を国民全体として採用するに至ったといっています。このようなサムライ化は、左翼運動の指導者たちにも影響しましたが、山川に対してはまったく影響を与えませんでした。彼は生涯を通じて一人の商人として生きました。山川がその自叙伝に『山川均自伝――ある凡人の記録』(朝日新聞社、一九五一年)と名付けたように、山川は自分自身を一人の平凡な人間と考え、その自覚に立って彼の社会主義を築きました。彼の息子は、のちに東京大学の教授になった人で、彼の父親を助けて山川家の養鶏場の卵を売ることなどをしました。そういう

ときにおまえはまだ商人としての心得を知らないといって繰り返し叱られたそうです。(4)

大河内一男(一九〇五—八四)の場合もまた山川均にいくらか似ていますが、はっきりした違いもまたそこに見えます。大河内は戦争の年月を技術的な学者として生き続けました。彼は、戦争中の軍国主義政府が行政の効率を高めるという役割を認め、また効率の不足という視点からこれを批判しました。このような役割は政府にとってつねに有用なものであるので、大河内は東大における彼の地位を失うことなく戦後に至りました。敗戦後の一九六〇年代の高度経済成長の時代には東大の総長となりました。この意味では同じ経済学者であっても、彼の履歴は山川とちがいます。大河内は、戦争中に政府に対しても大きな影響力を与えた生産力理論という学派の最も華やかな理論家の一人でした。この学派には「満州事変」以前のマルクス主義者であった人々が何人も加わっており、その人たちは共産主義から転向したのちにこの生産力理論の中に安全な宿り場所を見出していました。生産力理論とは、与えられた条件、彼らの場合には日本という国の中での生産力の発展を目ざして、そのために最も役に立つような社会構造の合理的再編成を唱える学派で、国家のさまざまの活動領域においてきわめて具体的な政策上の提案を試みました。(5)大河内のこの概念は、一九三一年の「概念構成より見たる社会政策の変遷」という論文を書いたときに思いついたと自分でいっています。彼がわずか二六歳で東京帝国大学経済学部の助手であったころです。二年ほどあとで、彼は「労働保護立法の理論に就いて」(一九三三年)という論文を発表して、その概念をさらに発展させました。この二つの初期論文において、大河内は資本主義諸国において社会政策は資本の利益によって形成されていると論じました。資本主義の最も早い段階においては、資本の利益のための搾取が労働力を弱体化するという結果をもたらしました。このことの欠陥を自覚してから、資本は、労働力を保護することを目的とする立法を支持するに至りました。さらにそののちの段階においては、資本は、労働力を確保するために労働運動の要求を部分的に受け入れるようになりました。この段階では、社会政策は社会保障と産業平和をもたらす政策として立ち現われるに至りました。このような政策は、個別的特定の形においては資本の利益と対立します。しかし資本主義経済全体の自覚的な表現としてこれらの社会政策は活動するのであって、そのゆえに、資本主義国家を通して個別的な企業の反対をも押しのけて立ち現われるのです。この考え方によって、大河内とその生産力理論の学派による人たちは、戦争中の年月においてさえも、政府を批判することができました。戦時政府によって任命された委員会の仕事などを通して、大河内は、生産力理論の系統に属するほかの学者たちとともに、戦争がいかに社会の習慣を破壊してそれらを合理化していくかを見ました。彼らの分析と助言とは、大政翼賛会の仕事の合理的な側面を代表しますが、それは、全体としては、中国侵略を推し進める組織であり、やがては米国および英国のより巨大な優越した軍事力との運命的な衝突に向かって、日本を推し進める運動でもありました。

それよりいくらか前に、彼の助手時代に主任教授であった東京帝国大学経済学部教授河合栄治郎が、そのもとからの自由主義者としての立場を捨てずにそのゆえにその地位を離れざるをえないように政府から迫られたときに、助手であった大河内はほかの何人かの同僚とともに、はじめにはこの政府の処置に対する抗議の意味を含めて辞表を提出しましたが、そののち慎重に考えた結果、辞表を撤回しました。その二重思考のゆえに、大河内は河合の弟子たちから裏切者と呼ばれるに至りました。河合栄治郎は戦時に開かれた彼の言論に対する裁判を勇気をもって闘い抜き、栄養の不調とバセドウ氏病のゆえに死亡するに至りました。彼の主任教授であり恩師である人から離れて東京帝国大学内の地位を守った大河内は、日本国民全体のサムライ化という明治以後の日本の知識人全体を覆った暮らしぶりに対して、一風変わった暮らしぶりを貫いたといえます。この点では彼は山川均と似ているといえないことはありません。彼は彼をしてその合理主義から逸脱せずにしかも戦時政府の政策を裏側から批判し続ける細い細い道を発見したともいえるでしょう。この意味では、戦時政府の軍国主義と正面から衝突した彼の恩師河合栄治郎とはちがう学風をもっていました。この細い道は、擬装転向の道であって、大河内の場合には、戦時日本政府の軍国主義に対する抵抗とそれとの協力の二重の機能をもっていました。その中ではじめ擬装として計画されたものが、いつしか実態としては真実の転向になってしまう、そういう場合もありました。それは擬装とはいいながらも擬装そのものが目的となってしまって、やがて擬装の中には擬装以外の何ものもないという状態に行きついた場合もあったといえるでしょう。(6)

戦争が終ったとき六六〇万人の日本人が本土の外、海外に残されていました。日本の植民地であった朝鮮、台湾、またそれ以外の南洋諸島、また米国・英国・オランダ占領下にある諸領域、中国などからの祖国帰還は一九四七年までにすみました。ところがソビエト・ロシア領内に残されているはずの六〇万人が長いあいだ帰ってきませんでした。六〇万人の人たちがまだ帰ってこないということは、戦後の日本人のあいだに不安と苛立たしさを生み、それが戦前の日本政府によって長い年月にわたって植えつけられてきた、また戦後新たに米国の占領軍政府によって取り除かれていない赤色恐怖と結びついて、戦後のひとつの潮流をつくり出しました。この時期に日本にあったソビエト・ロシアに対する苦い感情は、一人の哲学研究者の死をもたらしました。この事件はいまから振り返ってみると大変に理解しにくいものですが、一九四七年から五〇年にかけての日本の社会心理を忠

実に反映しています。(7)

日本共産党書記長徳田球一がソビエト・ロシア政府に対してシベリアに捕虜として残されている日本の兵隊たちは共産主義に改宗しないかぎり本国に送り返さないでくれと要求した、という噂が当時流れていました。大英帝国代表のホジソンは、一九五〇年三月にこのことを取り上げて、もしこの噂が事実に基づくものであったならば、徳田は彼の祖国に対する裏切者であり重大な犯罪を犯したことになる、といいました。これは極東委員会における発言です。イギリス代表は占領軍最高司令官のマッカーサーに、徳田に対して強い措置をとるようにと求めました。これらのことは日本の議員を動かし、議会に特別委員会が設けられて、いわゆる徳田要請の有無を調べることになりました。

ある一人の通訳がそのような徳田のメッセージをシベリアの日本捕虜収容所の中で日本捕虜に対して伝えたと言われ、彼は帰還者の中から見出されて議会の公聴会に連れてこられました。この通訳は、菅季治といい、その当時三三歳で、東京教育大学と京都大学で哲学を勉強した学徒でした。一九五〇年三月一八日、参議院特別委員会の質問に対して、菅季治は、つぎのように答えました。

私は勿論徳田要請のあるかないか、存否一般について別に何もお話しすることはできない。ただあのとき、あの場合の通訳として私が関係し、知っておる事実についてだけお話しします。

時は一九四九年九月十五日、場所はカラガンダ第九分所。(中略) 我々はいつ帰れるのか、十一月までに日本人を帰すというソ連政府の声明は、我々には適用されないのか、というような質問でありました。それまでの質問に対しては、シャフェーエフ中尉所長代理が全部答えていたのでありますけれども、この質問に対しては彼は答えないで、そのとなりにすわっておりました政治部将校に、あごをしゃくって、君が答えろというようなゼスチュアをしました。そこで政治部将校エルマーラエフ上級中尉が、たちあがって答えました。その答えの内容は、私は次のようだったと記憶しております。(ロシア語文章略) まあ私は、だいたい直訳するほうが、まちがいないと、いつも通訳の経験から信じておりましたので、次のように通訳したと記憶しております。

「いつ諸君が帰れるか、それは諸君自身にかかっている。諸君はここで良心的に労働し、真正の民主主義者となるとき諸君は帰れるのである。日本共産党書記長徳田は、諸君が反動分子としてではなく、よく準備された民主主義者として帰国することを期待している。」

以上私はあの日のあの場の事実だけを述べました。

同様のことを、菅季治は、衆議院においても証言しました。参議院、衆議院両議院の特別委員会に属する代議士たちは、菅のこのような答えに満足しませんでした。というのは、その菅の答えは、共産党書記長徳田を犯罪に陥れる種類のものではなかったからです。犯罪に陥れるのには不十分だったからです。彼らは、菅証人を追い詰め、この証人はもともと徳田球一が書いた「要請する」という言葉を「期待する」というふうに和らげていま証言しているのではないか、というのは、菅が徳田の側に立つ共産党員だからそういうのではないかと追い詰めました。当時の新聞は、公聴会について、大げさな記事を発表しました。菅は、日本のさまざまの場所からの右翼活動家の見知らぬ人たちから脅迫状を受けとりました。四月六日、菅は電車に自分を投げうって自殺しました。そのとき彼のポケットの中には、プラトン著の『ソクラテスの弁明』という小冊子が入っていました。彼の死後、彼の厖大な遺稿は、『語られざる真実』、『人生の論理』、『哲学の論理』として出版されました。

いまから振り返ってみると、どうして日本とロシアの双方の中央政府から遠く離れた捕虜収容所にいた捕虜からぬきだされた一人の日本人通訳が、日本共産党書記長からソビエト・ロシアの首相であるスターリンに向けての要請があったかどうかということについての決定的な証拠を示すことができるでしょうか。できないということは明白であるように今日からは見えます。菅季治は、ソビエト・ロシア軍の一人の士官が述べた言葉を通訳したというにすぎません。そのソビエト・ロシア陸軍士官は、ソビエト・ロシア政府の体系の中の末端の地位を占めているにすぎません。菅が、はじめの通訳に際して「期待」という言葉を使ったか、「要請」という言葉を使ったか、ということは、底に隠されている真実のベールをはぎとる意味での重大な証拠ではありません。このとき、菅季治は、彼自身の政治思想上の立場を明らかにしてそれを拠り所にすることをせず、それと無関係に事実の細部のみを指摘しようという立場を守り続けました。ところが、彼のこのような証言は、議会特別委員会の代議士たちの納得するところではありませんでした。菅は、真理はイデオロギーの対立を超えて真理として受け入れられるであろうという信念をあまりにも深く信じすぎていたといえるでしょう。

菅季治が自殺に追い込まれたという事実は、一九五〇年に六〇万人の日本人捕虜に対してソビエト・ロシア政府のとった措置のゆえに日本全国にみなぎっていた緊張状態をよく示しています。ソビエト抑留下にあるこの六〇万人の中には、マルクス主義に対して共感をもっている何人かの作家がいました。この人たちの中から高杉一郎(一九〇八―　)は『極光のかげに』を書き、長谷川四郎(一九〇九―八七)は『シベリヤ物語』と『鶴』とを書きました。これらの本は、戦後の日本で広く読まれ、戦前の日本の左翼作家が描くことのできなかったソビエト・ロシアの生活の実態についてのありのままの姿を伝えました。(8)

監獄は、どこの社会でもその社会の状態を理解するためのかけがえのない手がかりを与えます。政府の公式発表は大げさな身ぶりを伴いがちですが、そういう身ぶりをはぎとられた社会の実態が、監獄の描写からうかがわれます。高杉は、捕虜に割り当てられた労働を監督する役人たちのずるがしこさと、それと対照的にロシア人が捕虜たちに示すケタはずれの親切とを併せて描いています。過酷な官僚制度とは別に、ソビエト体制などというものを乗り越えて超時代的に生きているロシア人民がそこに存在することがわかります。長く待っていた祖国への帰還がかなったとき、高杉は、彼の仲間の捕虜たちに、日本へ帰ったら食事のためにここでつくった長い長い列のことを懐しく思い出すだろうな、と話したそうです。というのは、言いつけられなくとも必ず列をつくるという習慣の中には、彼の想像するところ日本ではまだ不足している平等の精神が宿っていると彼は信じていたからです。この平等の精神は、彼の見るところ、ロシアの社会生活の岩床としてそこにしっかりと存在していました。それは、高杉の信ずるところによれば、革命がロシアにもたらしたものでした。

長谷川四郎の『シベリヤ物語』の中にも、きわめてものわかりの悪いソビエト政府の役人が出てきます。そのほかに彼は、日本軍の旧士官ですすんで捕虜収容所の民主化に対してソビエト・ロシア政府と協力した陸軍少佐のすばらしい肖像を残しています。彼は、もと部下を含む日本人捕虜たちの前で天皇から自分がもらった勲章を取り出して、それを何度もふみつけ、これは反動的な時代の記念であるといってこれをはずかしめました。ただし、長谷川の発見したところでは、その後もその士官は勲章をちゃんともっていて、彼の荷物の底に注意深く隠していたそうです。捕虜収容所の中でつくられたマルクス・レーニン主義は、そのようなインスタント製品だったので、彼らが日本に上陸したのちには短い期間のうちに蒸発しました。日本共産党書記長徳田球一の期待であったか要請であったかは、いずれにしても、不毛なものに終りました。

石原吉郎(一九一五―七七)は、戦後日本の最も注目すべき詩人の一人で、彼はロシア語を知っているという理由で捕虜として残され、ロシア語を知っているという理由でスパイであるという疑いを受け、さらに戦争犯罪人にされてシベリアに残されました。彼は、裁判を受けて軍事法廷で無期懲役の判決を受けました。この判決を急いで読み下したあとで、裁判長の年老いた陸軍大佐は、すぐにその席から立ち上がると、そばにおいてあった紙袋を手にして法廷から出ていきました。石原の想像するところでは、この老人は、彼の細君から帰りに市場で夕食のための何かを買ってくるように言いつけられていたので、判決を朗読するあいだもその事柄に集中できず、彼の思いはどこか別のところにあったのだろうということです。

石原に対する終身懲役の判決が根拠のないものであっただけでなく、石原の捕虜収容所からの釈放もまた根拠のないものとしてなされました。それは一九五〇年代に入ってスターリンの死亡ののちに生じたものでした。このときにも懲役と釈放のはっきりした理由は、ついにわかりませんでした。彼が日本に帰り着いたとき、日本は、すでに敗戦の打撃から回復していて、史上未だかつて経験したことのない繁栄のまっただ中にいました。日本人は、すでに戦争について忘れていました。石原の両親は、彼がシベリアにいたあいだにすでに死んでいました。それでも、石原は、彼の兄弟や親戚が、彼と六〇万人の同胞とが、あのような無謀な戦争において、日本人全体から無作為標本として引き抜かれ無作為標本として罰を受けたのだということを、理解してくれるだろうと思い、同胞からやさしい言葉をかけられるだろうと期待していました。ところがその反対に、彼の親類の代表である長老がまずはじめに言ったことは、「もしおまえが共産主義者であるならばこの家には入れない」という言葉でした。

彼が戦後シベリアで過ごした根拠なき苛烈な年月と、すでに未曾有の繁栄の中に包み込まれている日本人の自足の姿と、この両者のあいだにある隙間が彼を突然に詩人として誕生させました。長いあいだ聞くことのなかった日本人たちの自然な会話が彼の耳の中に入り、彼もまた日本語をその人たちに話しかける。その経験の中から詩が突然に彼の中からほとばしり出ました。詩のほかに彼の書いた『日常への強制』は、お互いに対して無関心でありながらも生きるためにはともに強く結び合わされている捕虜同士の共生の体験についても的確な描写を含んでおり、また捕虜となっている状態においても、捕虜を監督する役人たちへの怒りとまた捕虜仲間に対する寛容さ、捕虜仲間に対する配慮から栄養不足と過酷な労働の条件の中で死んでいく友だちの忘れがたい肖像を残しています。ソビエト・ロシア政府と日本政府との双方によって確かめられた統計によりますと、シベリアに抑留された五七万五〇〇〇人の日本人捕虜のうち五万五〇〇〇人が抑留中に死亡しました。これは、日本がソビエト・ロシアの対日宣戦布告と日本の降伏とのあいだに行われた八日間ほどの戦闘に対して支払わなければならなかった代価でした。

高杉一郎、長谷川四郎、石原吉郎たちによって書かれた散文は記録の領域に属するものですが、埴谷雄高による形而上学的小説と相通ずるところをもっています。それは死者の霊によって取り巻かれているものとして、社会主義国家、官僚制度を描くという遠近法のとり方によってです。

これらの文学者によって残された作品のほかに、もと抑留者だった実にさまざまな人たちが記録を残しています。数日前に私が手にしたものでは、伊藤登志夫という青森県出身の会社員の発表した『白きアンガラ河――イルクーツク第一捕虜収容所の記録』(一九七九年)という本があります。(9) 彼はイルクーツク第一捕虜収容所にもといた仲間と語らって、日本に帰ってきてから「アンガラ会」という会をつくって一年に一度ずつ会うことを続けてきました。アンガラというのはイルクーツク第一捕虜収容所のそばを流れていた河の名前です。伊藤の書物は、毎年のお互いに全国から集まってくる仲間との会合を重ねることを通して取り戻した集団記憶をまとめたものです。ここで伊藤と彼の仲間であるもと日本人捕虜たちが達した結論は、赤い国は彼らが戦前の日本政府の教育によって考えていたほど悪くはないが、そこで住むことはあまり楽しいことではないということです。それが左翼運動と関係のない日本人がソビエトに住んで経験することの実情を要約しているように思われます。彼らは、ロシアの女性が当時キャベツの芯までかじっていたということを見るだけの現実把握をもっており、そのキャベツの芯は固くてあまり食べやすいものでもないしおいしくもないということから、当時ロシア人全体が栄養失調に苦しんで食料不足に苦しんでいたのであり、日本人捕虜だけがそうであったのではないということを認識しています。この状況を考えるとき、ロシア政府は彼らの領域内の六〇万人の外国兵士を終戦ののちにも抑留してその労働力を使ったということは、おそらく不当であるにしてももとても知恵のあることだったということをも認めています。伊藤の推定によれば、五万五〇〇〇人の捕虜の死亡は、日本人がシベリアの冬に耐えるだけの適応能力をもっていなかったからだと述べています。ここには、ソビエト・ロシアの人民に対する恨みどころか、ソビエト・ロシアの政治体制に対する恨みも述べられていないということは、いくらか不思議に思われるかもしれませんが、そこにはイデオロギーとまったく無関係な日本人の淡泊な感想があるように思います。このような日本人の感情が今日までソビエト・ロシアの側が保留している千島列島中の二つの島エトロフとクナシリについて、日本が強く要求しないということの背後にあるように思われます。これらの島は帝政ロシア時代から日本に属するものとしてロシア人自身によって認められているものですが[10]。

日本が米国の核のカサのもとにおかれている立場上、米国以外のもう一つの巨大な軍事力をもつ日本の隣人を、この経済上あまり意味のない問題に関して刺激しないほうがいい、怒らせないほうがいいという見方、それがいまの日本人大衆のもっている政治上の知恵であるように思われます。

(1)　雑誌『近代文学』は、一九四五年一〇月三日に創刊準備会があり、同年一二月三〇日発行の一九四六年一月号に始まり一九六四年八月号が終刊号となった。その間、同人が拡大した時期はあったが、もともとの創刊同人は、荒正人、小田切秀雄、佐々木基一、埴谷雄高、平野謙、本多秋五、山室静の七人で、共産党との対立の故に同人からしりぞいた小田切を別として、あとの六人は、創刊から終刊までの一九年をともにした。

その歴史は、同人拡大の時期の参加者、創立以来ともに歩んだ同人外執筆者の回想をあつめるという形で、『「近代文学」創刊のころ』(深夜叢書社、一九七七年)に記録された。

(2) 埴谷雄高「洞窟」(『構想』創刊号、および第二号、一九三九年)。

同「Credo Quia Absurdum」(『構想』一―七号、一九三九―四〇年)。

小説『死霊』が発表されはじめたのは、終戦直後発行の『近代文学』創刊号(一九四六年一月号)であり、今日にいたるも未完。『死霊・六章』(講談社、一九八一年)が、出版され、その後第八章まで書きつがれている。

(3) 小説『死霊』の構想に影響を与えた「リンチ共産党事件」について、同じく『近代文学』の創刊同人である平野謙は、『「リンチ共産党事件」の思い出』(三一書房、一九七六年)を書いた。この本には、当事者のひとり袴田里見の訊問・公判調書と埴谷雄高の跋文がついている。

重病の床にあった平野謙が、この時にリンチについての意見を発表したのは、一九七六年一月末に民社党の春日一幸がこの事件を国会にもちだし、当時の共産党側の責任者宮本顕治(日本共産党委員長)の国会からの除名を求めたその流儀が戦時下の日本政府を復活させたものと判断したからであった。

この事件について多くの文章が書かれ、さらに書かれるであろう。その中で重要なものとして、立花隆『日本共産党の研究』(講談社、一九七八年)、宮内勇『一九三〇年代日本共産党私記』(三一書房、一九七六年)、菅原克己『遠い城――ある時代と人の思い出のために』

（創樹社、一九七七年）がある。

（4）　山川菊栄・山川振作編『山川均全集』全二〇巻（勁草書房、一九六六年）。高畠通敏編『山川均集』（『近代日本思想大系』筑摩書房、一九七六年）。山川自身は、軍国主義時代への自分の対応の仕方について「転向常習者の手記――うづら飼ひになるまで」（『経済往来』一九三五年八月号）を書いている。

（5）　高畠通敏「生産力理論――大河内一男・風早八十二」（思想の科学研究会編『共同研究・転向』中巻、平凡社、一九六〇年）。

その後この主題は、戦後の学問の形にうけつがれるものとして、中島誠『転向論序説――戦中と戦後をつなぐもの』（ミネルヴァ書房、一九八〇年）にとりあげられる。

（6）　転向論と戦争責任追及についての花田清輝の見方は、「罪と罰」（『錯乱の論理』真善美社、一九四七年）にすでに見られる。

花田・吉本論争は、花田の側では「ヤンガー・ジェネレーションへ」（『文学』一九五七年七月号）ではじまり、「ノーチラス号反応あり」（『季刊現代芸術』第三号、一九五九年）に終る。吉本の側では、「不許芸人入山門――花田清輝老への買いコトバ」、「『乞食論語』執筆をお奨めする――バカの一つおぼえ〝前衛党なくして〟」（ともに『日本読書新聞』一九五九年一月）、「転向ファシストの詭弁」（『近代文学』一九五九年九月）を書いた。一九六〇年六月の政治行動について、花田清輝は詩「風の方向」（『現代芸術』一九六〇年一〇月号）を書き、吉本隆明は「6・15事件と私――花田清輝氏に一言」（『週刊読書人』一九六〇年一一月）を書いた。

（7）　菅季治の遺稿は死後出版された。『語られざる真実——菅季治遺稿』（筑摩書房、一九五〇年）、『人生の論理——文芸的心理学への試み』（草美社、一九五〇年）である。

（8）　高杉一郎『極光のかげに』（日本書房、一九五〇年。その後、冨山房百科文庫に復刻、一九七七年。岩波文庫、一九九一年）。

内村剛介『生き急ぐ』（三省堂新書、一九六七年）。

長谷川四郎『シベリヤ物語』（筑摩書房、一九五二年、『長谷川四郎全集』晶文社、一九七七年所収）。

石原吉郎『日常への強制』（構造社、一九七〇年）。同『望郷と海』（筑摩書房、一九七二年）。

（9）　伊藤登志夫『白きアンガラ河——イルクーツク第一捕虜収容所の記録』（思想の科学社、一九七九年）。

（10）　しかし、それにしても、一九八一年現在、ソビエト・ロシアは、日本の世論においては、もっとも好まれない国の一つとして固定した座を占めていることが、新聞の世論調査にあらわれている。

玉砕の思想

一九七九年一一月八日

つい近頃になって台湾に住んでいる小説家の作品集の日本語訳が出ました。これは黄春明《ホワンチユンミン》『さよなら・再見《ツアイチエン》』(田中宏・福田桂二訳、文遊社、一九七九年)という本です。(1) この表題になった短編「さよなら・再見」という小説がとても面白い作品です。その主人公は若い台湾の会社員です。会社の社長から、大切な日本人が七人やってくるから、その人びとを温泉に案内するように命令されます。この台湾の首府のそばには温泉があります。七人の日本人は、その温泉に行って一晩台湾人の女性と遊びたいと思っているのです。この主人公に与えられた任務というのは日本の中年男たちを温泉まで連れていって、そして一晩たったらまた仕事のために首府まで連れて帰ってくるということでした。ところが偶然に、この温泉は主人公が生まれ育ったところなのです。その町の人たちというのは、子どものときから知っている人たちなので、そういう近所で遊んだりした幼馴染みの女性の中から誰か遊び相手を選ぶというのはとてもいやな感じです。とにかくそのいやな夜が終ります。

朝になって主人公は通訳として中年の日本人七人を連れて、また首府に向かうのです。その汽車の旅はちょっと時間がかかります。その途中で台湾人の大学生が、ひとり乗り込んできます。乗り込んできて、ああ日本人がいるな、あ、偉そうな感じの日本人だなということがすぐわかってそこにやってきました。主人公に日本人と話したいから、通訳をしてくれと頼みます。この学生はもうすぐ卒業することになっていて、卒業後は日本にいって中国文学の勉強をするつもりだというんですね。そこで日本人たちにそれを話してくれというのです。そうすると日本にこれから留学に行くわけだからいい印象をもってもらえると思ったのでしょう。ところがその通訳は、日本の実業家に、この台湾人の大学生は、彼らが戦争に行ってきたかどうかを聞きたいといって尋ねていると、そういうふうに言い換えるのです。中年の実業家たちは、はい、行きましたと答えます。そうすると、その台湾人の学生が何かいう。そこで通訳はどこに行ったんですかと聞くのです。日本の実業家たちは中国ですと答える。そうすると、こんどは通訳が、あなた方は中国に兵士として行って何をしましたかとこの学生は尋ねていますという。すると、だんだんに、日本の実業家たちは、具合が悪いような表情になってくるのです。そこで、こんどまた実業家たちのほうから、台湾の大学生はとても勉強好きのように見えますけれども、そういう勉強好きの人たちは、日本で大変に歓迎されるだろうというのです。通訳が台湾の大学生に、あなた方台湾の大学生は、どうして中国文学を研究するために日本を選ぶのかと尋ねている、というふうに通訳します。そうすると、こんどは台湾人の大学生は、ちょっと具合が悪そうな表情になるというわけです。そうしているうちに、汽車はどんどん走り進んでいき大学生の降りる駅までできました。そこで別れるときに日本の実業家たちは台湾の大学生に「ツァイチェン」というのです。これは中国語で「さよなら」ということで、この実業家たちは中国に行ったので、その「さよなら」という中国語だけは、覚えていたのです。だからそれを中国語で言ったのです。この小説は「再見《ツアイチエン》」、翻訳すれば「さよなら・再見《ツアイチエン》」という題になっています。

この小説が表わしているように戦争中の記憶は、日本人にとっては、全部の日本人というわけじゃないですが、いまの四〇歳以上の日本人にとって、いやな記憶です。彼らは、というより私自身も含まれていますから、私たちは、その記憶を心の底の奥深くに埋めてしまいたいという強い潜在的な望みをもっているのです。その時代の記憶とまっすぐにもう一度対面するのはいやだ、ということです。こういうことについては、日本人のあいだで世代間の感じ方のちがいがあります。戦後に育ってきた、より若い日本人の中には、彼らの父親が戦争中何をしてきたかということをはっきり知りたいというふうに問い詰める人もいます。そういうふうに聞かれると、親のほうでは、少なくとも男親のほうでは、答えるのがいやだという感じがする人もずいぶんいます。戦争中に起こった出来事をどのように覚えているか、どのようにそれを心の中ですり替えて別のものにしているか、どのようにそれを解釈しているか、どのようにそれを表現しているか、それを調べてみることは、日本文化を理解するひとつの手がかりを与えます。こういう着眼をもって、十五年戦争のあいだの主な出来事を主として軍事的な展開の成り行きをたどってみましょう。

一九三一年九月一八日、中国東北部の満州に派遣されていた日本軍の数人の参謀将校は、奉天から北に三マイルほど離れていた柳条溝というところで、当時日本の管理下にあった南満州鉄道の線路を爆破する計画を立てました。そのことについて、彼らは、派遣軍の司令官や参謀長には前もって報告しておきませんでした。実際にその線路を爆破した人は、河本末守中尉と彼の指揮下にあった何人かの兵士たちでした。しかしこの事件は、中国人がしたことであるというふうに報道されました。事件の責任は中国人になすりつけられてしまったのです。日本軍は、そのようにこの事件を報道し、日本の内地の新聞もまた、この軍の発表をそのまま繰り返しました。日本軍は、すぐさま、この爆破に対する復讐作戦に移りました。戦闘が始まって、その戦闘状態は宣戦布告がないままに「満州事変」と名付けられました。

この秘密計画の裏には、当時日本の派遣軍、関東軍の参謀将校の一人であった石原莞爾中佐がいました。この人は、日本が満州に軍事上の砦《とりで》をつくる必要があるという理論をつくっていて、その砦によって、やがておそらくは日本と西欧諸国とのあいだに戦われるであろう世界最終戦に対する準備をするという考え方でした。その後同じように関東軍の参謀将校たちの策謀で、中国の廃帝がこの計画の中に引き込まれ、一九三二年に、「満州国」と呼ばれる新しい国家の皇帝に担がれました。これは、国際的にはきわめて評判の悪い新国家でしたが、それを守るために、日本は、国際連盟から脱退しました。まず軍事行動を起こしてある領土を併合し、それを既成事実として認めさせていくという流儀、これはカイライ政権をつくり、それを非難する国際連盟から脱退するということを含むわけですが、それはのちにイタリアとドイツの国策に対するヒントとなりました。「満州事変」は同世代の世界史の中で見ますと、第二次世界大戦の序曲となったもので、日本にとっては一五年間続く戦争の開幕でありました(2)。

「十五年戦争」という呼び名は、日本にとっての長い戦争時代を、日本の中国との戦争の部分と日本の米英蘭その他諸国との戦争の部分との二つに割ってしまうという考え方を避けるための工夫です。私はこの戦争期間に子どもとして育ったものですから、この戦争ははじめに「満州事変」として知らされました。それから何年かたってからまた戦争が起こったと知らされて、こんどは「上海事変」というものだと知らされました。それからまた何年かたって、こんどはまた別の名前の「日支事変」というものが起こったと知らされました。それらは全部きれぎれの「事変」というもので、つなげて考えないように私たち子どもの中に叩き込まれたのです。それが当時の日本政府の意図だったわけです。いま私は大人になって考えてみて、その意図を覆してこれらを歴史上の事柄としての一つのつながりのある戦争状態と考えたいと思います。さらに一九四一年になって、主として米国と英国に対する「大東亜戦争」というものが始まったというふうに知らされました。日本人に対しては主観的にこういうふうにきれぎれにいくつもの戦闘があったというふうに教えられてきたのですが、それらを別々の戦争と考えるのは歴史上の出来事を見るやり方としてはあたらないように思えるのです。一九六八年に出版された家永三郎著『太平洋戦争』(岩波書店)の序文には、私が書いてきたように、一九三一年から四五年にかけてのひとつながりの戦争としてこの戦争をとらえるのがよいとし、この戦争を日本が中国に対して負けた戦争と見るべきであると書いてあります。(3)

森島守人は、奉天総領事館に勤めていた外交官でしたが、その回想記の中で、どのように戦争が始まったか、そしてどのように続いたかを述べています。(4)森島は当時の日本中央政府の外務大臣の決めた方針に従って、いまここに起こった戦闘状態に対して、平和的解決を図る必要を関東軍の参謀将校である板垣征四郎大佐に説いたということです。これに対して板垣は、すでに統帥権がこの問題については決定をなされています、総領事館は統帥権を無視されるおつもりですかと反駁したそうです。同席していた花谷正少佐は、もっと若い参謀将校でしたが、鞘から剣を抜いて、統帥権に干渉するものは誰といえども容赦しない、といって脅《おど》したそうです。板垣大佐と花谷少佐とは、前に名前を出した石原中佐とともに、本国の陸軍参謀総長はもちろんのこと、現地派遣軍司令官ならびに参謀長にさえ知らせることなく、中国人による陰謀であったというぬれぎぬを着せて南満州鉄道の線路を爆破する計画を立てた人たちです。この作戦は、東京の陸軍参謀本部から遠く離れた派遣軍、つまり関東軍内部のわずか数名の参謀士官たちによってひそかに企てられたもので、その計画が実行されたあとで、既成事実として、彼らは東京の陸軍参謀総長にそれを認めさせるように強制し、またさらに当時の日本軍の大元帥であった天皇に、いまや始まってしまったこの動きを受け入れるように強制しました。天皇にも、また東京の参謀にも、知らせないで行なったこの行動を、彼らは、統帥権によるものと呼んで、ひとたび統帥権の決定がなされたこの行動は、日本国総理大臣、文官を含む内閣によって受け入れられなければならない、としました。それが彼ら当時の軍人の論理であり、その考え方は、一九三一年には日本の政治の中で勝ちを占め、やがて世界の舞台において、日本に優る軍事力をもつ国々と対決するところまで日本を追い込んでいきます。この原動力は、植民地派遣軍内部の若い参謀将校の小集団でした。最初の段階においては、この小集団は、石原莞爾を含んでおり、この人はその独断癖にもかかわらず、ある種の先見の明をもっていました。一九三六年になって、石原は、青年将校たちを抑える側に回り、また一九三七年以後は中国との戦闘をやめさせる方向に向かって、はっきりとその側に立つことになりました。彼は、陸軍の中枢から追い出されて、米英との戦争の最中に予備役に組み入れられることになりました。こうして戦争は、はじまりにいた全体の設計者抜きで続けられることになり、陸軍の職業軍人たちが集団としてもっているさまざまの欲望を調整することに長じた一群の人々によって、つぎはぎだらけの計画のもとに進められることになりました。明治憲法上保障された統帥権が、彼ら軍人にそのような自由を与えたわけですが、彼らの秘密計画はその初期の段階においては、天皇と陸軍参謀総長からの指令によってはじめて現われるはずの統帥権によって抑制されることがありませんでした。そのような仕組みは、そのはじまりにおいては大変な速度をもって仕事が進むので、とても能率的であるように見えましたが、戦争のあとの段階になると、計画全体としての政治・軍事の統合力を欠くという欠陥を表わすように運命づけられていました。とくに日本軍側が攻勢の局面から守勢の局面に転ずるに及んで、その欠陥は明らかになっていきました。日本の陸軍は、日露戦争以前からプロシアの陸軍を模範として採用しており、それ以来ドイツ陸軍の流儀に強い信仰をもっていました。ヨーロッパにおいてナチス・ドイツが興ってから、日本陸軍の指導者たちは日本の国をドイツと結びつけたいという強い欲望をもちました。それは、軍事上から見れば、ある種の根拠があったといえます。

第二次世界大戦の軍事史家は、日本は、この戦争においてドイツとの軍事同盟を通してしか勝つ見込みをもっていなかったということを指摘しています。リデルハートの『第二次世界大戦』(一九七〇年)は、ポーランドとフランスとがすでにドイツに敗北してからのちは、英国がドイツに立ち向かう唯一の軍事力であった時代があり、というのは米国とソビエト・ロシアとはまだ戦争に入っていなかったからで、ヒトラーがこのとき英国に対する決定的な上陸作戦にふみきったならば、あるいはまたそれをしなくとも、ほかの決定的な攻撃をする決心をこのときにしたならば、英国を征服できたであろうと述べています。

もしもヒトラーが英国を撃ち破ることに全力を注いだならば、英国の没落はほとんど確実だったであろう。もしもヒトラーが英国を侵略によって征服する最もいい機会を逸してしまったとしても、彼は空軍と潜水艦による圧力を組み合わせてしっかりとした足がかりをつくって英国の緩慢な飢餓とそしてやがて終局的な崩壊を確実に手に入れるような方法を工夫することができたであろう。

ところがヒトラーは、ロシア軍がドイツの東の国境にじっと立っているあいだは陸からのドイツへの危険が迫っているものと考えて、そのような海陸双方の努力をするために彼のすべての力を集中するという冒険にふみ出すことができないと感じたのである。そのゆえに彼はドイツの背後を安全にするためには、ロシアを攻撃して撃ち負かすことがただ一つの道であるという理論を立てた。彼がロシアの意図についてこんなにも激しい疑惑をもっていたのは、ロシア流の共産主義に対する憎悪が長いあいだにわたって彼の最も深い感情となってきたからである。

こうしてヒトラーの深層心理にひそんでいた不安の感情が、リデルハートによれば、ドイツ軍をロシアに向けたものであり、この動きはドイツにとって致命的なものとなったといいます。ここでリデルハートの挙げている心理的な理由は、疑うこともできます。しかし、軍事史上の事実としては、ロシア国境の作戦に投げ込まれたヒトラーの軍事力は、戦略上あまりにも長い兵站線をもつようになった帰結をやがてだんだんに思い知るようになりました。ですから、日本が勝利を占める可能性は、ヒトラーがフランス降伏のあとに英国攻撃に集中することにまったくかかっていたといってよいでしょう。

さて、この戦争への日本の参加は、リデルハートによればヒトラーを助けることにはなりませんでした。というのは、日本の参戦は、米国の力をこの戦争の中に持ち込んだからです。日本海軍は、日本陸軍と対照的に、英国を模範としてつくられました。日本海軍は、ドイツとイタリアとの軍事同盟を結ぶことについて陸軍と執拗に対立してきました。一九三八年に、海軍大臣米内光政は、主要閣僚の会議においてはっきりと、日本・ドイツ・イタリア三国の海軍力を総合しても、英国、米国、フランスならびにソビエト・ロシアの海軍力を総合したものに対して勝ちを収める見込みはまったくない、と述べました。もともと日本海軍は、米国および英国に対して戦うようにつくられていない、というのです。ドイツ海軍とイタリア海軍とは、大したものではないということでした。このような愛想のない意見は、しっかりした現実把握に基づいていました。

この現実把握を、日本海軍は、一九四一年の対米英宣戦布告のときにさえも失ってはいませんでした。というのは、連合艦隊司令長官山本五十六は、戦争の初期の段階においては目覚ましい働きを示すであろうけれども、それは長いあいだにわたって続けるわけにはいかない、という見通しを述べたからです。

日本陸軍が、日本精神と国体の絶対的優秀性についてかけてきた自己暗示は、日本海軍の現実感覚に基づく自己認識を負かしてしまいました。日本は、ドイツとイタリアとの軍事同盟を結びました。

一九四一年九月六日に開かれた戦争指導の御前会議で、宣戦布告が決まったのですが、この会議で、天皇は、陸軍参謀総長杉山元大将に米国との戦争になる場合に、陸軍にとってこれを終らせるのにどれだけの時間がかかると思うか、と尋ねました。杉山は、南太平洋における作戦は三カ月のうちに終るであろうと答えました。これに対して天皇は、(一九三七年のことをさしているものと考えられますが、)日支事変に際しても、同じ杉山が当時は陸軍大臣として戦争はひと月ですむであろうといったにもかかわらず、すでにそれ以来四年たっているが戦争はまだ終らないではないか、と反論しました。杉山は、それに対して中国大陸は大きい、と述べました。これに対して、天皇は、もし中国が大きい国であるとするならば、太平洋はもっと大きいではないか、どうして戦争が三カ月ですむなどと考えることができるのか、といったということです。それから天皇は、指導部が外交に重きをおくかということを尋ね、このとき、海軍軍令部総長永野修身海軍大将は、杉山を助けて、そうでありますと答えました。しかし外交が、まず最初にくるという保証にもかかわらず、戦争か平和かについての決定をする上で日限がこのとき決められ、軍事力を開戦のときに向けて準備をするという決定がなされたという事実そのものが、当時天皇が心配していた方向に向かって、すなわち戦争のほうに均衡を大きく傾けてしまいました。このことについてはN・イケ編『日本の戦争への決断』[5]に資料をもって語られているとおりです。

宣戦布告の日付けは、かりにこのとき米国との交渉が成功しない場合、一〇月初旬と定められました。一〇月初旬と日付けを定めた理由は何だったんでしょうか。それは激しい軍事訓練を毎日続けているので、石油の貯蔵量がものすごい速さで減っていっているという事実です。それは海軍だけでも一時間に四〇〇トンという速さで減っていました。ここで、結論は、戦争をはじめるとするならば、今が一番いいときだということになりました。

もう一つの重大な理由は、米国側がつくったもので、米国政府は中国からの日本軍の撤退とドイツおよびイタリアとの日本の決別とを、米国と日本との関係回復の前提条件であると明白にしてきました。石油貯蔵量と米国の要求と、この二つが日本をして勝つ見込みのない戦争という賭けに追いやった理由です。自然資源と工業力において、日本は、中国、米国および英国に対して勝つ見込みはありませんでした。日本があてにできるものは、日本精神と国体についての信念とで、それは明治維新以来七〇年にわたって日本政府が国民のあいだに育ててきたものでした。軍事の視点から見れば、一九四一年一二月においては、ドイツがすでにロシアと戦っていたので、日本は開戦当初から勝利の見込みをもっていなかったと、評価することが妥当であるように思われます。

一九四二年六月五日、日本海軍は、中央太平洋のミッドウェー島沖の海戦において、米国海軍力に対する数量上の優勢にもかかわらず、最初の敗北を喫しました。山本海軍大将は、その指揮下に二〇〇の艦船をもっており、これに対してニミッツ海軍大将は七六の艦船をもって戦いました。戦いが終ったとき、日本は、航空母艦四隻、重巡洋艦一隻、飛行機三三〇機を失い、米国は、航空母艦一隻と飛行機約一五〇機を失いました。山本大将が開戦にあたって約束した目覚ましい働きは、この段階において終りました。それからは戦争の初期にとったいくつもの前進基地を守ることがむずかしくなりました。ガダルカナル島の防備は、失敗を運命づけられていました。日本軍は、一九四三年二月七日ガダルカナル島を撤収し、しかし国民に対しては別方向に向けての前進である、つまり転進という言葉を使ってこれを表現しました。そのときからのち、前進基地のある島々は、一つずつ陥されていきました。アリューシャン諸島中のキスカ島の場合は、この例外で、ここでは、撤収作戦が米軍攻撃部隊を騙《だま》すことに成功し、米軍は、三日間にわたる激しい爆撃と上陸作戦ののちに、この島が完全に撤収されていることを発見しました。日本軍側は、島々が米軍によって取り返されていくのに対して全力を尽くして孤立部隊を助けようとはしませんでした。そのゆえに、それぞれの島に、日本人はそれぞれが鎖国状態におかれ、陸軍の戦陣訓の教えるように、生きて虜囚の辱しめを受けず、という規律を守って、玉砕への道を選びました。北太平洋のアリューシャン列島内のアッツ島の守備隊が一九四三年五月二九日に米軍の上陸部隊によって陥落したとき、二五〇〇名の守備隊兵士全員のうちただ二九人だけが捕虜となりました。アッツ島ののちには南太平洋のマキン島、タラワ島、ギルバート諸島に属する島々、さらに中央太平洋のマリアナ諸島中のサイパン島、また日本にきわめて近い硫黄島などが、それぞれ玉砕の模範を示しました。そして最後に日本本土に最も近い沖縄が、一九四五年六月二三日に陥ちました。

これらの模範は、日本本土に住む日本人の心に、米軍が本土に上陸してくるときには自分たちが何をすべきかを示すものとして受けとめられました。というのは、当時の政府は、陛下の忠良な臣民は国体を護持するためには玉砕を辞さない覚悟をもつべきであると述べていたからです。すべての日本人が、天皇を含めて滅びたときにも、形式は残るでしょう。国体護持というこの思想は、そのような哲学的含蓄をもっていました。そして日本をそれまで一五年間にわたって支配してきた陸軍による解釈では、勅語の哲学はそのような論理的帰結を必然としていました。このような推理の連鎖を当時の日本ではきわめて少数の人々しか疑いませんでした。少なくとも実際的には、社会科学者やさまざまな宗派の宗教家たちを含めて、この考え方を批判する声をあげるものはありませんでした。一九四一年にこの道筋を決めるにあたって、当時の指導者たちは日本国民にこのような玉砕に向かって国民を率いていくのだ、ということを予告する政治責任があったのではないでしょうか。

海軍は、機械を操作する必要に応じて、技術者としての考え方を職業柄もつようになります。海軍士官は、彼らが平時に世界を航海して回るときに、海外諸国の海軍士官とつき合うことができるように訓練されているので、出来事を国際的な視野から見る癖を保っていました。このゆえに、海軍は、作戦の計画を立てる上でもある種の合理性を保っており、参加者が生きて帰ってくる可能性がゼロであるような作戦を立てないという不文律を守ってきました。少なくとも理論においてはそうで、太平洋戦争の初期に、真珠湾において米国艦船を攻撃した二人乗りの特別潜航艇でさえも、それぞれの水雷攻撃を終ってから、その出発点となった航空母艦に帰ってくることを許されていました。自殺に近い形で戦争をすることに熱意をもてないままに、海軍は、最終的には玉砕の思想のもつ集団熱狂の中に巻き込まれていきました。大西滝治郎海軍中将は、第一航空艦隊司令長官となっていましたが、一九四四年一〇月二〇日に神風特別攻撃隊を組織する命令を下しました。この自殺攻撃のための訓練は、この目的にふさわしいように設計されまた建造された飛行機を使って、同じ年一九四四年のはじめ以来行われていました。いまやこの着想が実行に移されたのです。このような命令を下したことに対する強い責任感から、大西海軍中将は、日本降伏後に武人の流儀で切腹をしました。

神風特別攻撃隊に参加する人たちは、この特別の目的に向けての作戦に志願する人たちから選ばれました。ただし戦争のこの段階になってからは、海軍でも陸軍でも、そこに入隊した青年は、それぞれの部隊の空気に押されて、ほとんど例外なく、この任務に志願しました。日本の新聞は、神風特攻隊について報道するときに彼らの出発までを写しました。そしてこれらの若者がどのように勇敢であったかの物語を、彼らの書き残した手紙や遺言や辞世の歌を復刻することを通して、語り伝えました。ニュース映画もまた、これらの青年たちが出発に際して若々しい英雄として立っている姿を写しました。戦争が終ってから、特攻隊に参加した人たちよりは若い世代に属する日本人の目を通して、神風特攻隊は新しい角度から描かれました。小田実(一九三二―　)はより若い世代に属する小説家で、戦争当時には大阪で空襲に遭って逃げ惑う何万人の人たちのあいだにいました。少年のときに通り抜けたこの経験は、この戦争を、家から追われてあてもなくさ迷う群衆の立場から見ることを教えました。彼が少年時代に経験したこの経験に似たような経験を神風特攻隊員もまたもっていたのではなかったか。そう考えるときに彼は、特攻隊員が英雄として飛行場から飛び立ったあとの姿を自分の中でとらえることができました。戦争の年月に培われた伝統を通して戦争を見ることに馴れた年長の世代に属する人々にとっては、飛び立ったあとの特攻隊の心中を考えることはあまりにも残酷であり、そのようなことは考えないことになっていました。特攻隊員の心境について、小田が想像力をもって描いた姿は、彼の「難死の思想」という一九六五年に書かれたエッセイに述べてあり、それは、これまで英雄伝説の中に塗り込められてきた神風特攻隊員を伝説の中から引き出してみる戦後世代の見方を表現しました。この考え方は、当時進んでいたベトナム戦争において米国政府と協力している日本政府に対して、それまでのように厳格な組織を通してではなく、たとえば空襲下の都市から家を追われて逃げ出す群衆のもっているより緩やかな連帯の形を通して抗議するという、新しい世代の運動をつくる上で大きな力をもちました。

渡辺清(一九二五—八一)は、一七歳の水兵として海軍を志願し、彼の乗った当時世界最大の軍艦である「武蔵」は撃沈されました。このときに彼の仲間である水兵はマストにしがみついて、母親の名を呼んで泣き、その最期は、伝説が日本兵士の最期の言葉として伝えた「天皇陛下万歳」を唱えての死というものから程遠いことを教えました。このことを彼は『戦艦武蔵の最期』(一九七一年)という記録小説に克明に描いて戦後に出版しました。彼はいかなる政党ともかかわりなく政党との関係からも自由に戦争の記憶を保存することに専念する運動の事務局長として長期にわたってこの会を支えました。これは「わだつみ会」という名前の会で、戦没学生の残した手紙を集めて世に送る仕事から活動を開始しました。(6)これらの手紙は『きけ わだつみのこえ』と題された一冊の書物の形で発表されました。

林尹夫《ただお》(一九二五—四五)は、神風特攻隊員の一人で、兄に頼んで手に入れたレーニンの

『国家と革命』をひそかにその最後の日まで読み続けて勉強しました。彼は軍隊の便所の中でそれを読み、読み終ったページを引きちぎって呑んでしまったりしました。こうして彼は、自分が意味のない目的のために死ぬのだという結論に達しました。彼は、この日本の戦っている戦争は帝国主義戦争であり、日本は米英ソ中四国の連合によるより強大な軍事力によって打ち負かされるであろうということを悟りました。このことを彼は自分の手帳に書き、これもまたひそかに兄に送りました。彼は、自分の死んだあとの社会の形態について構想をめぐらすことができましたが、その来るべき社会のためにどのように彼自身がいま働くことができるかの道を見出すことができませんでした。彼の書き残した手記と手紙とは戦争が終ってから兄によって編集され、『わがいのち月明に燃ゆ』(一九六七年)と題されて出版されました。(7)

吉田満(一九二三—七九)は、当時、「武蔵」とともに世界最大の戦艦二隻のうちの一隻であった「大和」に海軍少尉として乗り込んでいました。やがて「大和」は、米国海軍に対する特攻攻撃に組み入れられて、帰路用の燃料を積み込まずに、本土から出撃しました。戦艦がこの最後の航海に入って日本の岸を離れると、ただちに士官部屋には完全な言論の自由が立ち現われました。これまで士官たちを窒息させていた言論上の統制は、いまやとれてしまいました。士官たちは、なぜ自分たちが死ぬかの目的について知りたいと考えていました。白熱した議論のただ中で、砲術士官の一職業軍人の臼淵大尉はこういいました。臼淵大尉がいうには、われわれのこの出撃は戦略から見て無意味であり敵に対して何らの打撃をも与えないであろう、われわれの目的は、このような行動の無意味であることを実証することであり、このためにわれわれは死ぬのだということでした。これらの言葉は、吉田満によって記録されました。吉田は、いったん海へ放り出されて救い上げられた少数の生き残りの一人となって、『戦艦大和ノ最期』という記録長編詩に臼淵大尉の言葉を書きとどめました。この長編記録詩は、日本降伏直後に戦時中の海軍軍人の文体によって書かれ、米軍占領下に日本人に強制された思想傾向に対していかなる妥協の痕跡をもとどめていません。このゆえに、占領軍の検閲はこの長編記録詩をそのまま発表することを許しませんでした。この作品が書かれた当時そのままの形で日本人の目にふれるようになったのは占領時代が終ってからで、一九五二年のことでした(8)。この長編記録詩は、勇敢な青年兵士にふさわしい文体の率直さによって、日本文学のひとつの古典として歴史に残るでしょう。その偉大さは、この作品のうちに何ら戦後性の痕跡をもとどめていないということにあります。戦時の軍人の文体によって書かれることを通して、かえって戦争時代の精神をこえて、この時代とはちがう別の時代に住んでいる読者たちの心中にまっすぐに訴える力をもっています。そしてこのことは、いかなる時代のいかなる社会においても、文学作品というものの普遍性の試金石となるでしょう。

吉田満は、のちに日本銀行の監事の職にまで登ってことし(一九七九年)九月に病死しました。死の二年前に彼はある公の席上で、戦争に向かって何かの行動を起こしたすべての人たちが自分たちの果たした役割について記録をして、それをのちの世代への遺産として残すべきであると述べました。このことを、彼は一九七〇年代の経済繁栄時代の日本のカナメとなる日本銀行の監事の職にあって述べたのでした。

特攻攻撃に参加した多くの青年は彼らの行動の価値に確信をもっていました。これらの人の中にあって私が引用した林尹夫、吉田満は、戦争末期の時代の密閉された状態の濃密な空気の中で、それぞれただ独りで考えることを始めました。彼らは、この密閉状態から自分を引き離すだけの力をもっていませんでしたし、鎖国されているこの国にクサビを打ち込んで、それを突き崩すというような力はもちろん持ち合わせていませんでした。しかし彼らの孤独な声は、今日に届きました。それぞれが一粒の麦のように地に落ちて死んでいきましたが、地に落ちて死んだとしても多くの実りをもたらしたといえるでしょう。

一九四五年六月二三日、沖縄が陥落しました。沖縄の一般住民のうち死者一〇万、日本軍人の死者九万。そののちにビルマのインド国境で日本軍は敗北し、またフィリピンにおいても敗北しました。八月六日に米軍は原爆を広島に落としました。八月九日にソビエト・ロシアは宣戦布告して中国東北部の日本軍を攻撃しました。同じ日に米軍は別の性能をもつもう一個の原爆を長崎市に落としました。八月一五日に日本は降伏しました。

（1）黄春明《ホワンチュンミン》「さよなら・再見《ツァイチエン》」の原作は一九七三年八月、『文季』第一期に発表された。福田桂二による日本語訳は、一九七九年に、黄春明『さよなら・再見《ツァイチエン》 アジアの現代文学——台湾』（田中宏・福田桂二共訳、株式会社めこん〈文遊社〉）として出版された。
黄春明は一九三九年、宜蘭に生まれた。台北師範を経て、屛東師範を卒業。しばらく広告会社につとめた。その経験が「さよなら・再見」にあらわれているという。

（2）ジクムント・ノイマン著、曾村保信訳『現代史——未来への道標』上・下（岩波書店、一九五六年）。原著は、Sigmund Neumann, *The Future in Perspective, The Second Thirty Years' War*, Putnam & Sons, New York, 1946.

（3）家永三郎『太平洋戦争』（岩波書店、一九六八年）。
十五年戦争という呼び名を提案したのは、鶴見俊輔「知識人の戦争責任」（『中央公論』一九五六年一月号）、なぜこの言葉が必要かにふれたのは、「日本知識人のアメリカ像」（『中央公論』一九五六年七月号）。

（4）森島守人『陰謀・暗殺・軍刀——一外交官の回想』（岩波新書、一九五〇年）。

（5）一九四一年一一月五日御前会議での鈴木貞一企画院総裁の言明によれば、一九四一年一二月一日現在での陸軍・海軍・民間あわせての石油貯蔵量は一一一万キロリットルであり、見つもり第一案によれば戦争の第一年には一八万キロリットルの余分があり、第二年には早くも四四万キロリットルの不足となり、第三年には(すでに蘭印石油産出地をとっているとして)二万八〇〇〇キロリットルの不足となる。見つもり第二案によれば、戦争第一年には二八万キロリットルの余分があり、第二年には二四万キロリットルの不足、第三年には二万八〇〇〇キロリットルの不足となる。いずれにしてもただ待っているよりは打って出るべきだという結論を出した。五味川純平『御前会議』(文藝春秋、一九七八年、二三六―三七ページ)。参謀本部編『杉山メモ』(原書房、一九六九年)。英文では、Nobutaka Ike, *Japan's Decision for War, Records of the 1941 Policy Conferences*, Stanford University Press, 1967.

(6)　日本戦没学生記念会編『きけ　わだつみのこえ』(初版は、東大協同組合出版部、一九四九年発行。新版は、光文社、一九五九年発行。その後、岩波文庫、一九八二年、新版、一九九五年)。

渡辺清(一九二五―八一)は、農家出身の少年兵であり、学徒兵ではなかったが、旧学徒兵中心のわだつみ会の事務局長となってこの会を長く支えた。著書に記録小説『海の城――海軍少年兵の手記』(朝日新聞社、一九六九年)、記録小説『戦艦武蔵の最期』(朝日新聞社、一九七一年)、記録『砕かれた神――ある復員兵の手記』(評論社、一九七七年)、評論『私の天皇観』(辺境社、一九八一年)がある。

(7)　林尹夫《ただお》『わがいのち月明に燃ゆ』(筑摩書房、一九六七年)。

（8） 吉田満（一九二三―七九）は、東大法学部在学中に学徒出陣で海軍に入隊。海軍少尉として、戦艦大和にのりこみ一九四五年四月の沖縄作戦に参加、その撃沈にあった。日本銀行監事に在職中病没。著書に敗戦直後に書かれた『戦艦大和ノ最期』を含む『鎮魂戦艦大和』（講談社、一九七四年）、『提督伊藤整一の生涯』（文藝春秋、一九七七年）、『戦中派の死生観』（文藝春秋、一九八〇年）がある。

戦時下の日常生活

一九七九年一一月一五日

ノーマン・ロングメイトは、『そのころどんなふうにわたしたちは暮らしていたか――第二次世界大戦中の日常生活の歴史』(一九七一年)という本を書きました。この本は英国についての記録で、この国は、リデルハートが述べたように、あるころにはほとんど敗北に近いところまで追い込まれていました。日本は、英国と同じように高度に工業化された国であり、しかも巨大な人口を支えるのに必要な豊かな食料生産力をもっていなかったので、英国と同じように日常生活で食料不足に悩みました。しかし英国と日本とでは、戦時の日常生活にいくらかのちがいがありました。

はっきりしたちがいの一つは、配給制度の合理性の差です。ノーマン・ロングメイトは、イギリスについて、ヤミ市が広くあるということについて非難が行われていたけれども、一人の農夫がいったようにこのことについては事実よりも話のほうが大げさなんだということが確認されていると言っています。食料省は、食料の値段を低く抑えることについて注目すべき成果を挙げました。第一次世界大戦においては食料の値段は一三〇％上がりましたが、第二次世界大戦はほとんど第一次大戦の二倍ほども長かったのにその間の食料の値段は二〇％上がったにすぎませんでした。政府からの補助金がなかったとしても、その増加率は五〇％にすぎませんでした。

食料に関するすべてのことの中で最も目覚ましいことは、六年間の戦争が終ったとき、英国人は、少なくとも生き残った英国人は、開戦当初よりも健康であったということです。一九三九年に、平均的な主婦は、蛋白質とカロリーとがどうちがうのかについてほとんど何も知らなかったといってよいくらいだったそうです。ところが、戦争の終りになりますと、食料大臣が困ったり喜んだりするほどに、主婦は、大臣に向かって、彼女の近所の食料品店が家族に必要な体力を築き精力をつけそして病気にかからないですむような食品類を揃えていないというしっかりした抗議状を書くようになりました。

日本では、主食であるコメについて配給制度が始まったのは一九四一年四月のことで、やがて、配給は、調味料を含むほかの補助的な食品種類に及びました。一九四一年の厚生省の発表によれば、平常の作業に携わる青年男子は、一日につき二四〇〇カロリーを必要とし、その分の食料を政府は確保するということでした。一九四二年以降になりますと、この基準は一日二〇〇〇カロリーまで低められました。一九四五年になりますと、それは、さらに一七九三カロリーまで下げられました。その自然の結果として、国民の健康は、破壊されました。一九三〇年まで結核による死亡は、一年につき一四万人で、この結核による死亡の数は、それだけですでに高いといえるのですが、一九四二年になると一六万人となり、一九四三年になると一七万人をこえました。一九四四年以後、政府は、もはや統計を発表することをやめました。

表向きには、配給制度は、ほころびなしに進んでいるように見えました。ただしはじめからこの配給制度は、これを補うヤミ市の組織をもっていました。日本は、明治維新まで、ほとんどまったくの農業国でした。ですから明治以後であっても、都会生活者は、田舎に親戚や近い知り合いをもっていました。その親戚や知り合いの、そのまた近所の人たちとか友だちとかを通して、都会生活者は主として物々交換という方法、それは近代の貨幣本位の市場よりも前からあった経済の形ですが、それによってコメと野菜とをもらってくる、各家庭ごとの秘密の道を開拓しました。こうして都会に住んでいる人たちは、この時代に、ほとんど田舎のどこかに通勤していたといっていいぐらいで、かなり複雑な知り合いの鎖をたどって新しく彼らが見つけた知り合いを訪ねては、自分たちの古着類その他の貴重な持物を食料に換えていました。こうしたヤミ取引のひそかな通路をつくり出すことのできない人々は、生命の危険にさらされていました。

そういう、それぞれの私的な、そして同時に相互扶助の習慣に基づくヤミ取引とは別に、もう一つのヤミ取引があって、それは、経済に敏感な人々が生活必需品を退蔵しておいて値段の吊り上げを図ることから生ずるヤミ取引でした。このような商業本位のヤミ取引によって、東京でのコメの値段は上がっていきまして、戦時の年月を通じてくわしく日記をつけ続けていた小説家永井荷風によりますと、一九四三年には一升四円だったコメのヤミ値が、つぎの年になりますと、もう一〇円から一五円になっていました。わずか一年間のうちにコメの値段は二五〇％からほとんど四〇〇％ほどの値上がりを示しました(1)。

こういう状況のもとでは、主婦は、情報をもっていなければならないし、その情報に基づいて的確な判断をしなければならず、社会状勢の刻々の変化に、いつも気をつけていなければなりませんでした。

主婦は、家族全員の生命を守るために、自分たちのなけなしの持てるものを持ち出さなければならず、また田舎に行って新しい知り合いをつくり出さなければなりませんでした。更に、その知り合いの人たちを訪問するためには、そのころにはもうとても困難だった交通機関に便乗する手段を確保しなければならず、さらにまたヤミ値ではなく政府の配給制度によって割り当てられている衣類や食料を求めるために、行列に加わって長いあいだ立っていなければなりませんでした。また近所の協力を必要とする問題と取り組むために隣組の常会に出席しなければならず、さらに空襲から身を守るために庭に穴を掘って防空壕とし、また空から侵入してくる敵機に備えて防空演習に加わらなければなりませんでした。ただし、この最後の防空演習は、水を入れたバケツをリレーするとか、ほうきで火をたたき消す練習で、戦争末期に本当に敵機の爆撃が始まってみると、役に立たないことがわかったわけですが。

主婦たちがなぜそのように万能でなければならなかったかという理由は、単純です。男の大半は、若い人も、すでに中年に達していたものも、体が動くものは、軍隊にとられているか、あるいはまた軍需工場に徴用されていました。一九四四年二月に軍隊に召集されていた人たちは、すでに四〇〇万人に達しており、それは当時の男性総人口の一〇%を占めていました。一九四五年八月になりますと、軍務に駆り出されたものの数は七一九万人で、それは子どもと老人と病人と身体障害者とを含む男性総人口の二〇%に達していました。

戦争中の都会の主婦たちは、男手のない状態で家をそのあらゆる側面においてきりもりすることを余儀なくされましたが、それは明治以前の農民、漁民、商人の妻たちの伝統を復活させるものでありました。明治以前においては侍などは全人口の中でほんのわずかの部分を占めたにすぎません。それらをはるかに凌ぐ数の農民、漁民、商人の階層が存在していた訳で、そこでは侍の妻とは対照的に、相当大きな行動の自由が女性にはあったのです。生活について、より大きな責任を背負うとともに、家事全体を自分たちがとりしきる能力があるという自信をもって、主婦たちは、戦争の終りを迎えました。彼女たちに対して、男性本位の立場から命令を与え続けてきた日本帝国政府は、降伏しました。そして男たちは自信を失いましたが、女たちは、自分たちとその子どもたちとその他の家族全体を、夫たちを含めて、その命を保っていくという日常の仕事をいままでどおり続けていきました。このことは、彼女たちにこれまでの近代日本でいまだかつて経験したことのない権威を与えました。「わたしが一番きれいだったとき」という詩を、茨木のり子(一九二六—)は、書きました。彼女は日本の降伏のとき一九歳でした。この詩は、敗戦直後の時期に多くの女性たちによって共有されていた高揚した自信に満ちた気分を表現しています。(2)

女性は、宣戦布告に対して責任をもっていませんでした。女性は誰一人として陸軍や海軍の指導者ではありませんでした。彼女たちは戦争を正当化した政治言語に馴染んでいませんでした。女性は、もともと戦争時代に投票権をもっていませんでした。この戦時下に必要な食料を保つために、彼女たちは、法を犯すことをあえてせざるをえませんでした。もし法律を文字どおり守っていたならば、家族ともども飢え死にしていたことでしょう。すくなくとも都会では。ある意味では女性だけでなく、日本人のおおかたが、戦争末期には何らかの仕方で法を犯していたといえます。ひそかにつくられていたヤミ市場に何かの手がかりを得ようとし、私的かつ共同のヤミ取引を通してお互いに助け合いながら、女性たちは現存の国家の秩序と正面から対決するのは避けながらも、その公認の秩序を超える道徳、習慣に従って暮らしていました。そして大げさな政治上のかけ声を使うことなく、戦時日本国家の中に包み込まれていない、そこからはみ出すような思想を実際上使いこなしていました。いまやこのような思想は、日本政府の降伏にもかかわらず、またそのゆえに、そのあとも彼女たちが生き続けていく助けとなりました。

占領軍の助けもあって、日本の歴史上はじめて女性に選挙権が与えられましたけれども、女性が自分たちの代表を議会に送ったということは、このような状況と一致する、より小さな出来事であったといえます。戦後最初の総選挙の結果、四六六人の選出された議員のうち、女性は三九人に達しました。ただし、戦争中に女性によって広く分かちもたれていた生活思想は、どの特定の政治党派の思想ともとくに結びつくものではなかったので、女性の政治活動は、敗戦直後には華やかに見えたものの、生活がある程度安定するにつれて、だんだんに目立たないものになりました。戦後の混乱が静まりますと、女性代表を議会に送ることに対する関心もまた、後景に退きました。

食料の配給の計画性と別に、もう一つ戦時下の日本の日常生活と戦時下の英国の日常生活とが大いにちがう点があります。それは、政府の助言によって、というよりは実際には政府の命令によって設けられた隣組というものの働きです。中国との戦争の初期の段階で、中央政府の官吏は、やがて資源が不足して配給制度が必要となるであろうという見通しをもちました。だがその配給制度は、これまで日本では試みられたことがないので、突然に設立するというわけにはいきません。そのためには何らかの教育機関が必要で、それらを通して市民が、配給に馴染んでいくということが望ましいと考えられました。たとえば、日常生活の必需品を手にするために行列をつくるとか、また、わずかしか渡らない食料と衣類とを用いて暮らしが立つような実際的な計画をつくるということの手引きをする必要です。このために東京市役所の区政課長をしていた谷川昇は、徳川時代の近所づき合いの組織を復活させて、隣組という新しい名前をこれに与えることを考えつきました。東京市長は、この提案を受け入れて、一九三八年五月一九日の東京市の布告に載せました。

日本の精神史からいえば、このとき谷川課長は、徳川時代の五人組という制度だけからではなく、幕末の二宮尊徳(一七八七―一八五六)の構想した近所の相互扶助の組織からも示唆を得ています。ただし、この自発的な相互扶助という側面は、谷川課長の意図にはあったとしても、一九三八年から一九四七年にかけての隣組制度の歴史においては、実現されませんでした。一九四七年までというのは、この制度が、占領時代の政府の指令によって廃止されたからです。隣組は、政府によって定められた政策を民衆生活のところまで下げていくというための道具として用いられました。それが、民衆の意見や生活感情をちょうど毛細管を伝うようにして中央政府の高等官僚に伝えていく役割を務めたという例は、ほとんどありませんでした。もしそうなったらば、この隣組というのは一種の文化革命になったにちがいないのですが。そのように、大政翼賛会の設立当初、この組織がもと急進主義者ともと自由主義者を含む近衛公爵の知恵袋によって構想されたときには、何かそういうねらいももっていました。そしてこのようなねらいがあると当時の民衆によって見られていたからこそ、大政翼賛運動は、一九四〇年に始められた初期の段階において、広く大衆の自発的な支持を受けました。しかし、この組織は、すぐに中央政府高等官僚と陸軍軍人に乗っ取られて、これらの役人と軍人が市民の日常生活を細部に至るまで監督しそれに干渉する機関となりました。このような傾向と結びついて、はじめには市役所の一課長の小さな思いつきであったものが、やがて軍国主義政府によって指揮されるおせっかいがましい法令の多くの中のもう一つのものに変化してしまいました。

守田志郎が『日本の村』で示したように、日本の村には、同じ部落内に住むものに対しては、思想上、あるいは宗教上の理由で完全に肉体的に抹殺してしまうというようなことをしないという伝統がありました。このような慣習は、村の外からやってくるよそものに対しては、適用されることがありませんでした。このような除外例が、いったんソビエトの手先であるとされた外国人リヒャルト・ゾルゲとの関係を公表された尾崎秀実とその家族と親戚が、戦時下に日本人から受けた扱いにあたっています。祖国への裏切り者であるという噂が立ちますと、そのように名ざされた人に対して精神、肉体ともども殲滅しようという動きが、隣組近所に集まってきます。それはヨーロッパ史とアメリカ史に現われた魔女狩りにも似ていますし、またもっと近ごろのことでいえば第二次大戦後のマッカーシー旋風にも似ています。このマッカーシー旋風は、エジプトへのカナダ大使で近代の最もすぐれた歴史家の一人であったE・H・ノーマンを自殺に追い込みました。このことについてはもっとあとでふれるつもりです。

このような戦時の魔女狩りに屈服することなく戦争の時代全体を生き抜いた女性として、九津見房子(一八九〇―一九八〇)をあげます。(3) この人は日本の転向史の中で珍しい人物で、彼女は、転向を通り抜け、しかもそのあとで、彼女が重い罰をかさねて受けるような政府批判の反戦活動に参加し続けました。それは、軍国主義への抵抗を芯にもたず、ただ擬装しているようなふりをするだけの擬装転向ではありませんでした。

九津見房子は、日本の中国地方にある岡山県に生まれました。彼女ははじめに高田集蔵という独立派の宗教人と結婚して、二人の子どもを生みました。その人と離婚してから、一九二一年に社会主義女性の団体である赤瀾会を仲間とともに創立しました。この同じ年に、彼女は、当時、共産党の運動の最も有力な組織者の一人であった三田村四郎と結婚して、印刷工場での労働運動に参加しました。一九二八年に逮捕されて、一九三三年まで投獄されていました。一九三三年の集団転向に加わったのちに、彼女は共産党の運動から離れて、まだ獄中に留められていた一国社会主義者たちを助ける運動をしました。この獄中に留められていた人々の中には、佐野学、鍋山貞親などとともに、彼女の夫であった三田村四郎もいました。九津見房子自身は、学歴というものは別になく、そのゆえに、彼女の転向を裏付ける理論を自分で構築するということがありませんでした。彼女は戦時の日本で転向した急進主義者の中では珍しく、当局に対しては書面の上で転向を声明したけれども、行動の面では転向しないという人々の一人でした。このゆえに彼女は当時の代表的な一つの潮流となった、国際共産党の熱烈な信者の立場から超国家主義信者の立場へと、極端から極端へと移動する傾向には属しませんでした。彼女は、かつては日本共産党の最高指導者の一人であっていまはそれからの有名な転向者の一人として獄中で刑期を務めている三田村四郎の妻でした。にもかかわらず、彼女は、尾崎秀実やリヒャルト・ゾルゲの仲間となって、ソビエト・ロシアと日本の軍事衝突を防ぐための努力をしました。このために、彼女は、一九四一年六月に逮捕されて、八年の刑を受けました。彼女が牢獄から解放されたのは、一九四五年一〇月のことで、マッカーサー司令部の指令によるものでした。
戦後に再建された日本共産党は、九津見房子に、敗戦後最初の総選挙に立候補するように勧めました。この申出を彼女は断わって、三田村の妻として生きることを選びました。三田村四郎は、戦後には反共産党でストライキ破りの指導者として、知られるようになりました。九津見房子は、夫と政治信条をともにしていたわけではなく、一九六〇年には、再び復活した戦時指導者岸総理大臣の政府が軍事協定を結ぶのに対して抗議する市民運動に、指導者としてではなく無名の協力者の一人として加わって歩きました。彼女は、一九六四年に三田村四郎が亡くなるまで、彼とともに暮らしました。九津見房子の中に、私たちは、日本人の転向史の中では珍しい、一人の独立した女性を見出します。彼女の中には、急進主義者であると否とを問わず、日本の男性知識人のあいだに見出すことの珍しい弾力性があります。

国賊に対する非難は、日本の全国民を包んで、隣組の小さな単位まで達しました。これらの小さな単位は、ちがう色合いをもつさまざまの住民に対して保護を与える、昔からの部落の伝統とは、ちがう働きをするようになりました。隣組は、自分たちの身の周りから、異国のスタイルを嗅ぎ出して、そういうスタイルをもつ人たちに圧力を加えて、国体に目覚めた真の愛国者に叩き直そうとしました。多くの人たちが逮捕されたり留置されたりまた裁判にかけられたり、ほんのわずかのきわめて薄弱な理由で迫害されたりしました。戦時の特高警察によってつくり上げられた犯罪の中で最も著しいものは、一九四四年の横浜事件で、このために朝日新聞社、時事通信社、日本評論社、岩波書店、東洋経済新報社、中央公論社、改造社などの有力な言論機関の従業員たちが、逮捕され、投獄されました。これらの中で、『中央公論』と『改造』とは、軍国主義の時代に先立つ大正時代に社会民主主義の旗手となった雑誌でした。この二つの雑誌社は、この広く喧伝された事件のゆえに、解散せざるをえなくなりました。警察は、一九四四年一月に、この二つの会社の従業員を何人か逮捕しました。一九四四年七月一〇日に、この二つの会社は、情報局によって「自発的に」解散することを命ぜられ、一九四四年七月末までに解散しました。

横浜事件の最初の逮捕は、一九四二年九月一一日に行われました。川田寿(一九〇五―七八)とその妻定子(一九〇九―九九)がこの犠牲者でした。この二人が逮捕されたのは、一九四二年八月二〇日に米国から日本に帰りついた捕虜船に乗っていた一五〇〇人ほどの人たちの中の一人の証言によるものでした。警察は、米国に長期滞在していま戻ってきた人たちに対して、一種の無作為抽出法によって、逮捕しました。それは、米国から日本に侵入してきたかもしれないスパイを見出すための一種の実験でした。米国に出発する前に日本で左翼活動を行なったという警察記録の残っている者が特別の調査の対象とされました。この網の中に入った一人が、おそらくは拷問が続くのを逃げようとして、自分よりもっと大物で川田という名前の人物が自分より前にすでに帰国していると警察に告げました。

川田寿は、クェーカー教の両親に育てられ、慶応義塾大学の学生となりました。そこで彼は、日本共産党のために資金を獲得する活動に入り、このために何度か逮捕されたことがありました。その後、彼は、米国に留学し、そこで働きながら勉強しました。ルーズベルト大統領のニューディールの時代に、労働運動の組織者の一人として活動をしました。ただし、彼を捕えた日本の特高警察の述べたような米国共産党の党員ではありませんでした。一九四一年一月、日米戦争の始まるよりも一〇ヵ月ほど前に、彼は夫人とともに日本に戻り、世界経済調査会の資料室長となりました。川田夫妻は逮捕されてから、獄中に留められて拷問を受けました。夫妻の友人たちもまた何人か捕えられて拷問を受けました。しかし拷問をしても、警察は川田夫妻の帰国後に彼らが左翼活動に従事したという何の証拠も見出すことができず、三年間留置したあとで夫妻を釈放せざるをえませんでした。釈放直前に名目的な裁判があって、それによって川田寿は、懲役三年・執行猶予四年の刑を受け、川田定子は、懲役一年・執行猶予三年の刑を受けました。起訴状には、日本共産党再建を企てたというはじめに警察から流されたような犯罪は、記されておりませんでしたし、ましてやスパイ活動に従事していたなどということは、いっさいありませんでした。

そこに記されていた唯一つの犯罪は、米国にいたあいだに左翼活動に従事したということで、それが日本における治安維持法に反するものであるということでした。

川田寿とつき合っているというだけの理由で逮捕された友人の中に高橋善雄がおり、高橋とつき合っていたという理由で平館利雄という当時満鉄東京支社調査室主任を務めていた人がおり、また西沢富夫というこれまた同じ場所に務めている人がいました。この二人の持物の中から、特高警察は、いまでは朝日町と呼ばれている富山県泊《とまり》という田舎町で撮られた一枚の写真を見つけました。この写真の中に、細川嘉六という人が写っていました。細川は、一九四二年の『改造』八月号と九月号とに「世界史の動向と日本」という論文を発表した人でした。細川嘉六(一八八八—一九六二)は、富山県泊に生まれそこで育った人で、彼の両親の法事のために彼が故郷に戻る機会があったので、その機会を利用して彼の生まれた町に友だちを招待しました。ちょうど東洋経済新報社から彼の著書『植民史』が発行されて、その印税として一万六〇〇〇円受けとったところで、それは、日本海側のあまり裕福でない漁師の息子として育った細川にとってはかなりの金額であったので、その一部を彼の親しい友だちと分かちたいという考えでした。このころには、新鮮な魚を食べるということが相当むずかしいような経済事情になっていたものです。このように政治とまったく係わりのない集会が、ただその証拠に一枚の写真が残っていたというだけで、特高警察によるデッチ上げの対象とされ、日本共産党再建を企てた会議であったというふうに歪められてしまいました。

泊で開かれたこの会議が、そんな大それた目的のためになされたのではないということについては、いまでは何の疑いももたれなくなっています。というのは、敗戦直後に細川は共産党の代議士となり、西沢は日本共産党中央委員会のメンバーとなったのですが、そういう時期にも、戦時下に党を再建しようと英雄的な努力をしたなどとして彼らの過去を飾るなどということをけっしてしなかったからです。

戦時最大のデッチ上げ事件は、つかまえた人たちの持物の中に偶然に一枚の写真があったことから始まりました。特高警察はこの写真からひとつの幻《まぼろし》をつくりだし、その幻に支えを与えるために、かつて日本共産党創立のために開かれた有名な五色温泉会議と語呂合わせをするような、泊温泉会議という名前をもつ会合があったということにしました。しかし実際には、細川が友人たちを招待したところは、温泉も何もない泊という町の紋左旅館というところでした。この「泊温泉会議」というほとんど架空といえる会議のゆえに、六二人の編集者、著述家がとらえられ、そのうち四人が獄中で死亡しました。

戦争が終ってから、川田夫妻は、横浜事件のほかの犠牲者たちとともに、特高警察を訴えました。その訴えの中で、彼らは、彼らの受けた拷問をくわしく書いています。拷問に使われた道具は、さまざまの種類で、竹刀《しない》、竹板、五尺ほどの長さの棍棒、人を鞭打つために使うロープ、人を突き刺すために使う雨ガサの先端、火箸、人の体をふみにじるための靴、靴底などです。川田定子は彼女の下腹部をさらされ、そこに警察官が棍棒を突き入れたりしました。このような拷問について記したあとで、夫妻は彼ら自身に対してだけでなく、同じ容疑でとらえられていた大河内夫妻に対する拷問は最も非人間的な、酷いものであったと述べています。

この部分は、『横浜事件の人びと』という中村智子の著書（一九七九年四月発行、増補版一九八〇年一〇月一〇日、田畑書店）に新しく書き足された部分です。(4) 私は、数年前に中村智子のこの記録を連載という形で読んだことがありましたが、そのときの発表には、こういうことは書かれていませんでした。いまここに新しく書き足された部分は、私自身の個人的な記憶と結びつくものです。この手記によると、川田夫妻にとって、大河内夫妻というのはぜんぜん知らない人たちだったらしいのですが、この大河内夫妻は、私の友人でした。私は、一九四二年三月に米国の連邦警察につかまってはじめは留置され、のちに抑留されました。はじめにいた留置場で出会った一人の日本人が、私に、自分の知っている滞米日本人の中での伝説的な人間のことを話してくれましたが、その人が大河内さんでした。この大河内さんと私に話をしてくれた人の兄さんとが、同じサーカスにいたのだそうです。そのサーカスはリングリング・ブラザーズ・アンド・バーナムという、当時世界最大のサーカスでした。

少しさかのぼりますが、日本の大相撲が昔の偉大な横綱だった常陸山に率いられて二〇世紀のはじめに最初の海外旅行をしたことがありました。そこに太田川という相撲取りがいて、その相撲取りは、米国がとても気に入ったものですから、大相撲が日本に帰ったときにいっしょに帰らないで、米国に留まりました。彼は、リングリング・ブラザーズ・アンド・バーナムというサーカスで初舞台を踏んで、彼自身の工夫した柔道劇というものを試みました。その柔道劇は、動物の芸や軽業などのあいだにちょっとした気分の変化をつくるための一種の幕間狂言でした。中央のリングがまったく暗くなる、雨が降ってくる音がします。それから日本の着物を着た女性が、日本式の油紙のカサで顔を隠してしなしなと歩いてリングの中央にさしかかる。これは、相撲取りの太田川の細君でした。そこに、相撲取りだからアメリカ人にとっても巨大な悪漢が出てきて、それは太田川自身なのですが、このやさしい婦人に飛びついて金をとろうとする。ところがその女性はきわめてやさしくその悪漢の腕をとったかと思うと、柔道の手を使ってポーンと投げてしまうのです。そこにもう一人の悪漢の手先がやってきて、親分を助けようとして、女をピストルで撃つのですけれども、これが大河内さんなのです。ところが彼もまた女性の柔道によって苦もなく投げられてしまって、ひっくり返って二人いっしょに逃げる。こういう簡単な劇なのですが、それが人気を呼びまして、かなり長いあいだ米国全土を打って回ったそうなのです。つまりそのころ、日露戦争直後でしょうね、米国全部に日本の文化に対する興味があったということなのでしょう、その結果でした。

監獄というところは、することもあまりないところなんで、私たちは、そんな話をいろいろ聞いたものです。そこで伝説として語りつがれていた大河内さんは、他にもいろんな逸話の多い人で、たくさんの逸話を大河内さんについて聞いたのですけれども、一つだけ、そのとき聞いたことをここでお話ししたいのです。それは、なぜ彼が米国にわたってきたか、という理由でもありました。

大河内光孝というのが彼の名前なのですが、彼は子爵のうちの次男として生まれ、華族の子弟のそのころのならわしに従って、学習院に行きました。小学校でしたが、そこで彼は彼の下級生の中になんとなく淋しそうな子どもを見つけました。彼はこの子どもが好きで、自分が学校なんかにもっていったお菓子を、安いお菓子、駄菓子なのですが、それを彼にやったところ、それがバレて騒ぎになりました。そのころの学習院の院長は、乃木希典大将で、生徒の両親を呼び出してしかったので、生徒の両親は恐縮して自分たちの息子を学校から下げさしたというのです。それから大河内光孝氏の人生は曲がってしまったのですね。結局彼はグレてしまったので、両親が息子に手を焼いて日本から米国に送り出した。その米国で流れた末に、彼はついにサーカスに入ったというわけです。この話の筋からお察しがつくように、この大河内さんが駄菓子を与えた相手というのはその当時の皇太子の息子で、いまの天皇(昭和天皇)だったそうです。

私は、留置場をいくつも通って、最後にメリーランド州のミード要塞というところにある戦時捕虜収容所にと着きました。そこに私の先住として、もと聞いた伝説の主人公がいました。この人は話に聞いたとおりに大変に心の広いさっぱりした人柄で、ここでもいろんな面白い話を彼から聞いたのです。この天皇の話は彼から直接聞いたわけではなくて、それは日本人のひとつの伝説になっていたのを私は聞いたのです。私たちはずいぶんつき合いがありました。というのはその最後の戦時捕虜収容所だけではなくて、私たちは同じ日米交換船で帰ってきたので、最初の日米交換船ですが、それは米国を出て南米を回ってアフリカを回ってシンガポールを回って日本に帰ってきたので、ほとんど世界を三分の二回ったのです。二カ月とちょっとかかりました。こうして日本に帰ってきたのですから、お互いにいろいろ話をする機会があったわけで、私は彼の人柄がとても好きになりました。日本に帰ってから、私は志願して、海軍の軍属になって南方に行きまして、そこで結核性の胸部カリエスになって二度手術をして日本に送り還されました。帰ってきたのは一九四四年の一二月だったのですが、帰ってきてしばらくして一九四五年のまだ寒いころ、私は大河内さんに会いました。そのときに彼らは牢屋から出たばかりだといっていました。なぜつかまったかということは、彼の話からするとわからないのですね。どうも、大河内さんがアメリカで暮らしていたのと同じように大変にあけっぴろげで自分の意見を隠さない人なので、日本はこの戦争に勝つことができないだろうというようなことをいったことが近所の誰かによって密告されたのだろうという解釈でした。そのほかに理由は考えられないと夫妻はいっていました。その後戦争が終って、混乱がつづいたものですから、私は彼らを見失ってしまいました。もう生きておられないのではないかと思うのですけれども、この横浜事件との関係で大河内夫妻がつかまって拷問されたのだということを、こんどの中村智子氏の『横浜事件の人びと』(増補版)という本を読んで、そこに警察の調書などが引用されているので、大河内光孝と横浜事件との関連をはじめて知ったのです。

このことは、三つのことを考えさせます。一つは天皇を人間として大変に好きだった一人の男がいて、その人が無実の罪に陥れられてそして天皇の名前で拷問を受けたということです。それが一つの事実ですね。もう一つは日本に帰ってきてから彼はアパートの管理人をやって暮らしを立てていたらしいのですが、アメリカ帰りですからそのアパートを含めて近所の人たちにとって彼はよそものだったわけですね。習慣・言葉なんかもずいぶんちがっていたでしょう、ずいぶん長いあいだアメリカで暮らして帰ってきたのですから、この異国風のスタイルのために、隣組の人たちは彼に保護を与えません。そして彼のいったことに対して腹を立てて、それは日本のそのころの国民の多数の意見とちがうわけですから彼を密告したのです。彼が華族の妾腹の子だということは、彼が捕まった後ではぜんぜん役に立ちませんでした。その意味では日本の戦時ファシズムには、特権階級に対する恨みと、それをつぶしてしまえというある意味で健全な衝動がこもっていました。こういうふうにして大河内氏は国民の世論を一つのものとして統一するという戦時に必要なある種の戦時民主主義のイケニエにされたということがいえます。三つ目のことは、大河内氏自身が、なぜ自分がつかまったかという事情、つまり横浜事件というデッチ上げのなかで彼がつかまったという構造上の自分の位置ですね、それをまったく知らないで終ったらしいことです。この横浜事件という名前さえも、彼は、ついに知らないで終ったと思います。

(1) Norman Longmate, *How We Lived Then, a history of everyday life during the second world war*, London, Arrow Books, 1971.
永井荷風(一八七九―一九五九)の日記は、『断腸亭日乗』全七巻(岩波書店、一九八〇―八一年)。

(2) 『茨木のり子詩集』(思潮社、一九六九年)。

（3）牧瀬菊枝編『久津見房子の暦――明治社会主義からゾルゲ事件へ』（思想の科学社、一九七五年）。

（4）中村智子『横浜事件の人びと』（田畑書店、一九七九年。増補版一九八〇年）。横浜事件については、当事者自身による回想が多くある。藤田親昌、美作太郎、渡辺潔『言論の敗北――横浜事件の真実』（三一新書、一九五九年。新版は『横浜事件』日本エディター・スクール出版部、一九七七年）。

原爆の犠牲者として

一九七九年一一月二二日

戦争をお互いに対してしている国々が、お互いに相談することなしに、国家というものの性格そのものから現われてくる一種の遠隔霊媒通信のようなものを通して、いっしょになってそれぞれの国民から隠し続ける事柄があります。戦争というもののもっているこの側面を考えていきますと、私たちは、国家が国民によって見られたくないと思っているある角度から国家の性格を見ることができるようになります。原爆は、そのたくさんのことの一つです。この事柄について、戦争中と戦後とまた戦後長く続いている平和の中においてさえも、戦時、そしてそのあとでは旧戦時に敵対していた国々の同盟関係が続いていたということがわかります。

一九四五年八月六日、米国のB29爆撃機は、日本本州の広島市にウラニウム二三五型の原子爆弾を落としました。八月九日に、もう一機のB29爆撃機が、九州の長崎市にプルトニウム二三九型の原子爆弾を落としました。

新聞は、日本国民に新型爆弾が日本人に対して用いられたことを伝えました。そして読者たちにこの新型爆弾の効力を伝えるのに、新型爆弾から身を守るためには黒っぽい着物よりも白い着物を着るようにと勧めました。この程度の準備が役に立つかのような印象を与えたものです。この爆弾の猛烈な破壊力については、大本営も新聞も、重要なことは教えませんでした。日本政府が降伏したのちに、米軍は、広島と長崎に専門家を派遣して、原爆の効力を確かめました。しかしこれらの原爆の破壊力の真実が日本国民に知らされたのは、米軍による占領が終ってからあとのことで、一九五二年になってからでした。

一九五二年四月二八日、サンフランシスコ平和条約が調印され、その結果、日本での占領軍による検閲制度は、なくなりました。朝日新聞社によって発行されていた週刊写真雑誌『アサヒグラフ』は、占領終結のこの日に編集会議を開いて、原子爆弾の惨害についての写真を発行することに決定しました。ほとんど七年間にわたって隠し続けられてきた原子爆弾についての真実が、このときの『アサヒグラフ特集』によって、日本国民に知らされました。この間にも、原子爆弾に打たれて生き残った人たちは一人ずつ黙って原爆後遺症に悩みながら暮らし、そして死んでいったのですが、彼らの証言は同国人の耳に達することがありませんでした。生存者の何人かが、自分の証言を私家版の本の形で発表しようとしたことがありましたが、そういう形でも占領軍は検閲によって発行を禁止しました。(1)

二時間ほどの長さの記録映画が、日本映画社によってつくられていました。これらはネガごと米軍にとられてしまいました。製作スタッフにいた中の何人かがひそかにラッシュフィルムを保存しておいたので、それが原爆によって打たれた直後の都市の実状を伝える唯一の映画記録になっていまも残っています。朝日新聞社にはカメラマンが二人いて、原爆投下直後の広島と長崎の写真をとっていました。カメラマンの一人は、占領軍にこれらのフィルムのすべてのネガを処分するようにと命令されていたのですが、その命令に反して、彼は、ネガを保存していました。これらのものがいま集められて、占領終了後に、日本国民に公開されることになりました。

占領軍当局は、これらの記録の公表は彼らの占領目的を進めるために不都合であると判断しました。おそらくその判断は正しかったでしょう。豊かな人間性をもつ民主主義者としての占領軍という肖像は、広島と長崎の市民にもたらされた惨害とそぐわないものだったからです。

降伏後に米軍が発表したところによれば、広島への原爆投下は、死者七万八〇〇〇人、行方不明一万三〇〇〇人をもたらしました。しかし、いまでは、少なくとも二〇万人が死んだということが、明らかになっています。日本赤十字社の推定では、死者は二五万人、負傷者は一五万人ということです。死者の数は、年月とともにふえており、近年においても、被爆者の死亡率は、原爆に打たれなかった同年代の人々を上回っています。長崎への原爆投下による死者は、一二万人と推定されています。

ハーバート・フェイズは『原爆と第二次世界大戦の終り』(一九六六年)で、戦争当時に米軍の意思決定に参画した人々に利用することのできた情報を吟味した上で、つぎの結論に達しました。(2)

米国戦略爆撃調査団が早くも一九四五年にすでに達していたこの結論に対して、十分な根拠をもつ反対意見をきずくことはできない。軍事上の状況と日本の政府側ならびに民間の意見の傾向を研究した結果、日本がすでにここまで消耗した状態を吟味したところによって、爆撃調査団は、一九四五年一二月三一日までに確実に、またおそらくは一九四五年一一月一日以前に、日本は原爆投下がなかったとしても、またさらにソビエト・ロシアが戦争に加わらなかったとしても、またさらに日本上陸作戦が計画されまた考慮されることがなかったとしても、日本は降伏したであろう、という見通しを立てた。

この結論は、敗戦直後に米国の空軍攻撃力の実態とその効果を確認しまた評価するために日本に派遣された専門家の報告によって裏付けられた、ということです。にもかかわらずフェイズ自身は、広島および長崎に原爆を投下するという決定は、非難さるべきではない、と述べています。このような評価の根拠は、原爆を用いることによって戦争の苦悩は最も早く終り、多くの人命が助かったから、ということです。フェイズの引用するところでは、神風特攻攻撃が始まってから、日本側特攻機は航空母艦三隻を含む米艦三四隻を撃沈し、各種の航空母艦三六隻、戦艦一五隻、巡洋艦一五隻、駆逐艦八七隻を含む米艦二八五隻を損傷した、ということです。米国指導者の価値意識を受け入れて、ソビエト・ロシアが入ってきて獲物の分け前にあずかろうとする以前にできるだけ早く戦争を終らせるという目的のためには、原爆の使用は正当だ、ということになります。原爆使用の可否の判断は、判断そのものが一九四五年八月における米国戦争指導者の価値意識をそのまま無修正で呑み込むかどうかにかかっています。

英国の軍事史家のリデルハートは、米国の指導者の価値意識によって縛られていない、軍事的視野から、彼の『第二次世界大戦史』の最後に近く、つぎのように書きました。(3)

日本の降伏はそのときラジオで放送された。

原子爆弾の使用は、この結果をもたらすために実際には必要ではなかった。日本の船舶の一〇分の九までが沈没するか、あるいは航行不可能となっており、その空軍力と海軍力はいずれも再起不能の打撃を受け、その工業は破壊されており、また国民の食料供給量はどんどん減っていっているので、日本の崩壊は、チャーチルがいったようにすでに確実となっていた。

米国戦略爆撃調査団の報告は、この点を強調しつつ次のことをつけ加えた。「軍事的無力化と敗北の受入れとのあいだにあった時間の遅れは、もしも日本の政治構造が国策についてもっとすばやくはっきりした決断をすることができたとしたならば、縮められたであろう。にもかかわらず、原子爆弾による攻撃がなかったとしても、制空権は、無条件降伏をもたらすのに十分の圧力を発揮したであろうし、また上陸作戦の必要をなくしたであろうということははっきりしている。米国海軍総司令官キング大将は、海上封鎖だけでも、石油、コメ、その他の必要物資の不足を通して、もしもわれわれが待つだけの用意をもって覚悟をしていたならば、日本国民を飢えによって降伏まで追い込むことができたであろう、と述べた。」

では、どうして、米軍は、待たなかったのでしょうか。それが問題です。当時の米国が、ソビエト・ロシアと競争するという目的を受けいれるとすれば、米国政府としては待つことができませんでした。米国内部における世論を満足させるためにも、戦争を早く終らせたほうがいいという価値意識もあったでしょう。これらのことのゆえに、米国政府としては、待つことができないと感じまた待たないという決定をしました。そうすれば、原爆を使うという決断は、軍事上の必要だけによってなされたものではなく、政治上の必要によってなされたものといえます。ただし、このことは米国政府が認識したくない事実です。

もう少しリデルハートの『第二次世界大戦史』から引用しますと、彼はそこで米国の軍事指導者のあいだに、いくらかちがった意見があったことにふれ、ルーズベルト大統領およびトルーマン大統領に仕えた大統領統合参謀総長リーハイ海軍大将が、前に述べたキング大将の判断とともに別の見通しをもっていたとしています。

リーハイ海軍大将の判断は原爆の不必要性についてさらにはっきりしていた。「広島と長崎に対してこの野蛮な兵器を使うことは、日本に対するわれわれの戦争において、実際上、役に立つことではなかった。日本国民は、通常兵器による効果的な海上封鎖と効果的な爆撃とによって、すでに敗北しており、降伏する用意があった。」

それではなぜ原爆が使われたか。最も早い時期に終らせて、米国人と英国人の生命の損失を防ぐためだったのか。さらに二つの理由が現われてきます。一つは原爆実験の成功の知らせを受けた七月一八日のトルーマン大統領との会合についてチャーチル首相がいっていることで、そのときに彼らの心中に起ったさまざまの思いの中で、こんなことがあったといいます。

私たちはもはやロシア人を必要としないであろう。日本に対する戦争を終らせるために、ロシアの軍隊を注ぎ込む必要はもはやないのだ。私たちは、ロシア人の恩恵を受ける必要はない。二、三日おいてから私はイーデンにつぎのように知らせた。「現状において米国が対日戦争へのソビエト・ロシアの参加を望んでいないということは、まったくはっきりしている。」（チャーチル『第二次世界大戦』第六巻五五三ページ）

ポツダム会議に際して日本占領にソビエト・ロシアも参加させてほしいというスターリンの要求は、米国にとっては迷惑と感じられ、そのような可能性を避けたいと米国政府は強く望んでいました。原爆はこの困難を解決するのに役に立つかもしれない。ソビエト・ロシアは、広島への原爆投下から二日おいた八月八日に、対日戦争に入ってきました。広島と長崎で急いで原爆を使うことへの二つ目の理由を、リーハイ海軍大将はつぎのように述べています。

科学者とそのほかの人たちがこの計画のためにすでに使われた巨大な金額を楯にとって、この実験をすることを望んだのであった。

この原爆製造計画には、二億ドルかかったそうです。原爆作戦の任にあたった高官の一人は、この点をさらにはっきりと述べています。

原爆は簡単にいえば成功しなければいけなかった。それほどたくさんのお金がもうこのために使われていたのだから。もし失敗したとしたらばこの莫大な出費をどのように説明したらいいだろう。世論の非難がどんなふうになるかを考えてみたらいい。

　だんだんに時がたつにつれて、ワシントンのある人たちはマンハッタン計画の長官であったグロウヴズ将軍にまだまに合ううちに辞任しないと、失敗したときにさえ責任者として残っていなければならないことになるぞといって説得しようとしたことさえある。

といいます。原爆が完成して投下されたときに、関係者全員にもたらされた安心感というものは大変なものでした。

　歴史の軍事的側面から離れて、未来の世界の人々にとってそれはどのように見られるであろうか、という考え方から感想を述べた人もいます。ロベール・ギランは、当時日本に派遣されていたフランス人の記者で、フランス降伏以後日本に抑留されて暮らしていました。そのときのことを彼は『日本人と戦争』(一九七九年)の中でつぎのように問うています。[4]

　白人は有色人種でない人たちに原爆を落とすことをあえてするだろうか。

　この問いに対する彼の答えの予想は否定的です。白人の新聞記者として、彼は、連合軍指導者の心中の無意識の部分に人種差別が働いており、それが日本に対する原爆投下の決定を彼らにとってたやすいものとしていたという意見です。

一九五四年三月一日、中央太平洋のビキニ環礁沖でマグロをとっていた第五福竜丸が、米国の水爆実験によって起こされた灰の雨を浴びました。船は、三月一四日に静岡県焼津に戻ってきました。乗組員二三人は、割れるような頭痛と吐き気に悩まされ、肌は赤く腫れており、髪の毛が抜けていました。通信長久保山愛吉(四〇歳)は、九月二三日に亡くなりました。

ビキニ沖からとってきたマグロは放射能を帯びていることがわかりました。マグロを食べてはいけないという知らせが、電流のように日本全国を走りました。マグロの肉というのは、カナダではわかりにくいかもしれませんが、日本では独特の意味をもっている食料で、ナマのままのその肉を、ゆでたコメの固まりにのせたものが、日本においては最高の食べものの一つに数えられています。ですから、マグロには、ロマンチックな意味がこもっています。いまやそのマグロが日本の平均の市民の日常生活に水素爆弾の恐ろしさを結びつける役割を果たしました。日本国中にあるたくさんのすし屋が、「原爆マグロ」をここも使っているかもしれないという疑いを受けて、しばらく休業に追い込まれました。魚市場もまた大きな打撃を受けました。第五福竜丸の母港となった焼津の市議会は、原爆水爆の禁止を米国政府に訴える決議をしました。それは、さらに日本国中の小さい村、町、それから県の議会によって決議された原水爆反対の宣言の運動を引き起こしました。県の単位でそのような原水爆反対決議を通さなかったところは、東京都、宮崎県、鹿児島県、福井県だけでした。焼津市議会のように、地方の小さい集落が、まず最初に原水爆という世界的規模の現象に反対する決意表明をしたということは、日本における反戦運動の歴史に新しいページを記しました。

東京都議会は、原水爆反対決議をしなかったのですが、東京都にある区の中の一つは、原水爆反対の国民規模の大きな運動の中心となりました。それは、杉並区で、住民の多数が会社員や公務員の家族です。この運動は、主として中流階級の家庭の主婦を中心とする運動で、そういうものとしてこの杉並区に起こった運動は、新しい反戦運動の形をつくり出しました。それは、主婦たちが街頭に立って道ゆく人に原水爆反対の署名を求めるということと、原水爆についてまた戦争についての書物を中心とする小さい読書会を開いて研究をするという形です。この運動の形は、はじめには戦前からの無産階級解放の運動から活動の形を引き継いできた人々から軽んじられていました。マルクス主義の学者の中には、署名運動などというものはマルクス主義の文献にはないという批判をしたものもいました。しかし共産党員も社会党員も、この運動が国民のあいだに広がっていくのにつれてこの運動に近づき、また参加し、この運動全体の主導権をとろうとしてお互いに対して争い、やがてこの運動を分裂に追い込みました。

徳川時代の東京には、下層中流階級ならびに下層階級に属する人々が自由にその形成に参加するような大衆文化の様式がいろいろな形で育っていました。しかし明治以後になって、江戸末期の五倍以上の形にふくれ上がった東京という町は、文化の形式については江戸時代の形を崩して長いあいだ不定型の時代に入っていました。敗戦後の年月は、その不定型の時代の極端な例となりました。朝鮮戦争の結果、経済繁栄の恩恵を受けて、いままでは、杉並区のように東京の新しい山の手地区に属するところでは、新しい形の中流階級の文化が成立する基盤ができており、このことが原爆マグロをきっかけとして一九五四年に起こった主婦たちの抗議運動が急速に伸びていく原因となりました。日本は、それまで日本人自身が学者を含めて気がつかなかった戦後の中流文化革命の開幕の時代にあり、それがその後の何年かにはっきりと誰の目にもわかるような形で現われてきました。

原水爆に反対する国民規模の運動がほかの場所ではなくて杉並区で起こったということは、杉並区公民館長に安井郁《かおる》がいたという偶然の事情に由来するところが大きいのです。安井郁(一九〇七―八〇)は、もと東京大学法学部の国際法の教授でした。太平洋戦争の理論家として活動したという理由で、彼は、東大教授の職を占領軍によって追放されて、一九五二年以来この杉並区の公民館の館長を務めていました。ここで彼は安井夫人の助けを得て、このあたりに住んでいる主婦たちの読書会を組織しました。安井郁の戦後の活動は、占領軍による軍国主義指導者追放の指令のもとに敗戦直後の期間になされた転向の一つの形として見ることができます。

原水爆反対の署名運動が始まってからしばらくして、杉並区議会は、原水爆反対決議を通すことになり、この機会に、安井郁は、全国規模で反対署名を求める運動を設計し、また一九五五年一月には、この運動を、オーストリアのウィーンで開かれた世界平和会議と結びつけることにしました。この年の夏までに、もともとは「杉の子会」という杉並区の主婦たちの小さな読書会から始まったこの運動は、杉並区に住む人々の全人口三九万人のうちの二八万人に署名してもらうことに成功しました。この運動は、やがて当時の日本の一億一〇〇〇万の全人口の中から三二三八万人の署名を求めることに成功しました。一九五五年の夏までに世界中から集まった署名は、六億七〇〇〇万でした。世界の日本以外の場所にくらべて、人口比によればヨリ多数の署名が集まったということは、このときまでに世界中で原爆に打たれた国民は日本人だけであって、しかも三度も打撃を受けたという特別の事情に基づくものです。

日本政府が彼らの自由にできる原子爆弾を十五年戦争中にもっていたと仮定するならば、彼らはそれをためらわずに米国に対して使ったことでしょう。このことは、十五年戦争の初期の段階に彼らの進めていた戦争の流儀から見て疑う余地はありません。このゆえに日本政府の立場からは、米国による原爆の使用に対して強い反対の意見を推し進めることはしにくかったと思います。日本に暮らしている人々の立場からすれば、その中には朝鮮人も含まれていましたし、日本以外の国々からの戦争の捕虜も含まれていたので、そこには原爆に対する別の見方が成り立ちえました。この人々の中には、たとえばロベール・ギランのような人があり、この人は戦争の末期に日本で軟禁状態におかれていたので、彼の原爆についての見方が米国人の見方と少しちがうものであることは前に述べました。世界を国家だけによって構成されているものとして見るかぎり、そして国民をその国家の部分として見るかぎり、私たちは原水爆使用を批判するさいに、ほんのわずかのことしかいえません。杉並区の主婦たちは、日本全国の住民とまた世界の住民と声を合わせて、原水爆に反対する署名を集めることができましたが、それは、彼女たちが彼女たちの属する国々の政府ではなくて、それらの土地に住む人々を代表していたからです。ところがそれからあとで、政党がこの運動に入ってきました。彼らは、さまざまな国の政府と結びついており、はじめに現れた人々の声のつくり出した統一状態を分裂させる力として働きました。一九六二年八月六日に、原水爆禁止第八回世界大会が開かれました。日本社会党と総評という労働運動は、ソビエト・ロシアによってなされた核実験に対する抗議を提案し、その議題は会議に混乱をもたらしました。日本社会党とその同調者とは、この会議から退場しました。原水爆禁止大会は、分裂しました。この大会は、大会宣言を決議せずに終りました。その後、中国による核実験が、この会議に、さらに新しい困難をもたらしました。社会主義諸国の代表は、彼らの代表する国々が非難されるごとにこの大会から退去しました。社会主義諸国代表は、彼らの現在の政府によって採択されている政策から分けることのできない社会主義の立場を代表しており、彼らが正当と考え、また彼らを正当化しているそれぞれの社会主義国家によって使われるかぎり原爆の使用を批判することができないという位置にありました。原水爆反対運動のこれまでの経緯が示すかぎり、社会主義は国家主義の亜種であるという特徴をあらわしています。

一九五四年に杉並区の主婦たちによって始められた原爆反対運動は、その後の年月に起こった市民運動の先駆となりました。それはやがて一九六〇年以後にはっきりとする経済繁栄の中に育った中産階級の自己満足の気分に対する自己批判の要素となりました。一九七九年現在では日本人の九〇%が中流に属すると感じており、たしかにそこには全体としては自己満足の気分があって、その中でなされる自己批判は、それ自身が都会の中産階級の気分の刻印を受けています。前に述べましたように、原水爆に反対する主婦たちの運動は、マグロの肉の汚染によって火をつけられました。それは日本の市民による最初の公害反対運動であったといえます。公害そのものは、明治以後の日本政府の工業化政策によって現われた特徴であって、日本は大変に狭いいくつかの島の上で高度に工業化された国となったのですから、深刻な公害の危険を長く背負ってこれまで歩んできました。それを政府は、明治の中ごろ以来、国民に対してかなりのところまで隠すことに成功してきました。いまや政府が戦争に敗けたあとでそれまでのような権威を保つことができなくなったので、公害に対する抗議の運動は、力を発揮することができるようになりました。そういう時代になっても、技術者は、政府ならびに企業の側に立つ傾向をもっています。特定の公害によって被害を受ける少数の市民が強い抗議の声をあげ、この抗議を技術者と科学者とが助けるというふうな形ではじめて、公害反対の声は広く国民の耳に入るようになり、いくつかの場合には政府と企業にこの抗議を認めさせることができるところまできました。このような抗議から目をそらして、日本の多国籍企業のいくつかは、朝鮮、フィリピンなどに工場をつくり、公害をこれらの国々に輸出しました。これは戦争中の大東亜共栄圏の構想の、戦後における複製であるともいえます。公害に抗議する市民の運動は、公害を国外に追い出すことで終らず、日本の企業が公害を輸出した海外からの抗議を集めこれに基づく運動を進めています。

公害反対の市民運動の理論構造は、多くの点で東大新人会から始まった大学生の運動と反対の流儀をつくり出しました。東大新人会の場合、彼らは文明の一般法則を理論的に突きとめたと考え、それらの法則を彼らの目前にある日本の特殊例にあてはめようとしました。公害反対運動の場合には、この運動は彼らを苦しめている特定の運動、特定の問題から始まり、やがてその問題を解決するのに必要な法則的知識を探し求めることに向かいます。新人会の運動は、はじめから本質的に世界主義的な運動でしたが、公害反対運動は地域の問題から始まり、地域の運動として主として働き続けるという役割を担い続けました。ただし地域の運動として働き続けるとしても、そこで止まるということはできません。それはやがて国の障壁を越える行動の形をもとらざるをえません。このことは原水爆反対運動について、とくにあてはまることです。このようにして地域的と世界的との関係が、公害反対運動の場合には、東大新人会の運動と対照をなします。このように、日本での権力批判の運動において新しい流儀が生まれたということは、日本文化のこれまでの特徴でありこれからもその特徴として残るであろうと考えられる鎖国性に対して、その内側からこれと闘う力が現われたということです。

広島と長崎の原爆に打たれた人たちは、その体験を話すことを好みません。(5) 彼らは反対運動にすぐに入ってはきません。被爆者は人間の運命について全体として失望する状態におり、諦めをもって毎日の生活を生きています。このことは社会学者の実態研究にも明らかにされていますし、それらに先立って広島の被爆者の一人である原民喜によって書かれた小説にも現われています。原は広島で見たことをいくつかの短編に書いたのちに、朝鮮戦争のさなか一九五一年に鉄道自殺を遂げました。[6]「夏の花」(一九四七年)は原爆に打たれた広島の記録小説です。「心願の国」(一九五一年)はこの原爆投下ののちに彼の心中に育った空想を描いています。「ガリヴァ旅行記」(一九五一年)には、原爆に打たれたあとの広島で馬が首をうなだれているのを見て、そのときスウィフトの『ガリヴァー旅行記』の中に人間の批評家として登場する馬を思い出したことが書いてあります。

原民喜が言葉少ない黙りがちな人であったのとよく似て、広島と長崎の被爆者の多くは彼らの体験について話すことを好みません。実生活において彼らは結婚の相手を見つけることに苦しみ、また子どもをもつことに悩み、また彼らの縁戚の人たちを結婚させることで困難に出あいます。彼らは病気がいつ再発するかもしれないという悩みをつねに抱えており、また子どもに遺伝するさまざまの困難を通して、自分たちの健康な親類や知人に迷惑をかけるのではないかと恐れつつ暮らしています。また被爆者に対して日本の社会全体が示す差別もあって、それは井伏鱒二の『黒い雨』(一九六六年)に描かれています。[7]

被爆者の中には峠三吉のような詩人がおり、また大田洋子のような小説家もいました。[8]これらの人たちは死の直前まで原爆について書き続けました。大田洋子は『屍の街』という小説を戦争の終った一九四五年秋までに完成していましたが、占領下の一九四八年にようやくある部分を削除するという形で発表を許されました。彼女は戦後の日本に適応することができませんでした。この被爆者の不適応という主題は『半人間』(一九五九年)と『人間襤褸』(一九五一年)に繰り広げられています。

原爆を直接に受けた人々以外の作家たちによって、たとえば堀田善衛の『審判』という小説があり、これは国際的な視野で世界の現代史の一部として原爆と取り組んでいます。[9]その中で日本人とアメリカ人の双方がともに同格の主人公として活躍します。いいだ・ももの『アメリカの英雄』は日本人によってこれまで書かれた小説としては珍しくそこに日本人がいっさい出てこない長編小説です。[10]それはこの意味では日本の文学史にはじめて現われた作品といえます。それは広島に原爆を落とした一人のアメリカ人を主人公としています。

(1) 松浦総三『占領下の言論弾圧』(現代ジャーナリズム出版会、一九六九年)。
(2) Feis, Herbert, *The Atomic Bomb and the End of World War II*, revised edition, Princeton University Press, 1966.
(3) Liddel-Hart, B. H., *History of the Second World War*, London, Cassell, 1970.
(4) ロベール・ギラン著、根本長兵衛・天野恒雄訳『日本人と戦争』(朝日新聞社、一九七九年)。

Guillain, Robert, *La guerre au Japon—de Pearl Harbor à Hiroshima*, Paris, Editions de Stock, 1979.

（5）Lifton, Robert J., Reisch, Michael, 加藤周一『日本人の死生観』上・下(岩波新書、一九七七年)。

大江健三郎『ヒロシマ・ノート』(岩波新書、一九六五年)。

長岡弘芳『原爆文学史』(風媒社、一九七三年)。

長岡弘芳『原爆民衆史』(未来社、一九七七年)。

（6）原民喜(一九〇五—五一)の作品は、二度、全集となって刊行された。『原民喜作品集』全二巻(角川書店、一九五三年)。『原民喜全集』全三巻(芳賀書店、一九六五—六九年)。

（7）井伏鱒二『黒い雨』(新潮社、一九六六年)。

（8）峠三吉(一九一七—五三)は広島で原爆に会い、戦争下にキリスト教に入信していたが戦後は共産党に入党し、占領下に反戦の詩を書いた。一九五一年に「原爆詩集」を雑誌『新日本文学』に発表。一九五二年に青木書店から刊行された。

大田洋子(一九〇三—六三)は、広島で原爆にあった直後に原爆についての作品を書きはじめ、長編小説『屍の街』を書きあげたが、占領軍の検閲にあって、出版されず、一九四八年一一月になって、一部削除でようやく中央公論社から出版された。完本の刊行は一九五〇年の冬華書房版によってである。

（9）堀田善衛『審判』(岩波書店、一九六三年)は、原爆をおとした米国人ポール・リボートと中国人への残虐行為にさいなまれている日本人高木恭助の、第二次世界大戦後の世界での共苦の人生をえがく。

(10) いいだ・もも『アメリカの英雄』(河出書房新社、一九六五年)。このアメリカの英雄とは、原爆を落とした飛行士C・イーザリーをモデルとしている。彼は、犯罪と自殺未遂をくりかえし、やがて精神病棟にとじこめられた。

戦争の終り

一九七九年一一月二九日

一九四五年八月一四日、天皇の前で開かれた御前会議は、降伏を決定しました。陸軍と海軍の双方の参謀総長は、戦争の継続を主張しました。決断は、天皇に委ねられ、彼は、七月二六日のポツダム宣言を受け入れるようにと述べました。三〇〇〇万人の日本人と一〇〇〇万人以上の中国人を含めて、多くの国々の死者をもたらした戦争は、ここに終りました。一九四五年八月一五日正午、天皇の吹き込んだ言葉が、日本国中に放送されました。

ロベール・ギランは、長野県軽井沢町に軟禁されており、ここで近くの一軒の家に村人が集まっているのを見ることができました。その家は隣組長の家でした。ラジオから聞こえてくる天皇の声に、村人は、頭を垂れてうやうやしく聞き入っていました。この人たちは、これまで天皇の声を聞いたことがありませんでした。天皇の話し方も、彼の述べたことの内容も、ともに村人にはよくわからなかったようでした。彼らは、この放送が何のためにあったのか理解できませんでした。放送が終ったあとで、天皇の言葉について、ふつうの日本語で説明がなされたのちにはじめて、村人は、天皇の言葉が降伏を意味していたことを理解しました。天皇の話し方は、能役者によく似ているという印象をギランに与えました。それは、単調で、情緒に乏しいものでした。その声に聞き入っていた群衆もまた、この言葉に対して、日本の古典演劇に見られる演技の型をもって応えていました。彼らは、内側からこみ上げてくる感情を最少の身振りをもって表現し、彼らの深い感情を無感動の装いのもとに隠していました。放送が終ると、押し殺されたすすり泣きが聞こえました。村人は、それぞれの家に戻って、自分たちの姿を隠しました。村全体に、完全な沈黙が残りました。

このときギランを驚かせたのは、本土に残っていた七五〇〇万人の日本人が、これまで降伏するよりは死を選ぶ覚悟をもって対していたのに、いまや天皇とともに回れ右をしたことで、その翌日からギランやそのほかの白人たちに、明るい笑みを見せて挨拶したことでした。

残されている記録によりますと、軍隊に所属する人々のうち五二七人が、降伏後に自殺しました。そのうち三九四人が陸軍、一二六人が海軍、三人が看護婦、四人が所属不明でした。海軍陸軍いずれにも属さない人々三九人が、東京で自殺しました。彼らは超国家主義の集団に属しており、尊皇攘夷軍、明朗会、大東塾の人々でした。その中には、刹那の決断で集団自殺に加わった少年たちもいました。これらの自殺は、一九四五年八月二八日にマッカーサーの軍隊が日本本州に上陸する以前に行われました。全体として、米軍による日本占領は静かに行われ、日本人側からの武力による抵抗に出あうことはありませんでした。このようにして、日本人にとって三〇〇万人の生命を奪われたこの戦争は、終りました。

日本本土を構成する四つの大きな島の住民たちは、米国軍の上陸に際して、祖国を守るために、本土決戦を覚悟していました。しかし、この本土決戦が行われたのは、これらの四つの主な島ではなく、本土から離れた沖縄列島においてだけでした。

一九五一年に、中国とソビエト・ロシアの参加なしで、対日平和会議が、サンフランシスコで開かれました。そこで、当時日本の首相だった吉田茂は、沖縄諸島が、連合軍、ということは実際には米軍のことですが、のもとにおかれ続けることを受け入れました。一九五二年に米軍の日本本土占領は、沖縄占領継続という代価を払って終結しました。このことが当時の日本国民の意識に重くのしかかっていたと言うことはできません。それは、沖縄諸島が日本列島の南端にあるというだけではなく、沖縄には本州の島々とは少しちがう文化伝承があったからでもあります。沖縄諸島は、伝説によれば、アマミクというその地域の神によってつくられました。これらの沖縄の島々に、天の神様は、娘と息子を遣わし、その二人が最初の王朝を築き、その王朝は、二五代にわたって続いたといわれています。この点では、沖縄の伝説は、大和王朝の伝説にきわめて似ています。それからあとで王家に対する叛乱があり、叛乱が鎮められてから別の王家が立てられました。一六〇九年に、日本南部の薩摩藩は、沖縄に侵入してこれを征服し、そのとき以来沖縄は、薩摩藩の植民地となりました。薩摩藩は、沖縄の近くにある中国政府を刺激しないだけの知恵をもっており、沖縄の住民たちに中国渡りの風習を保つように仕向けました。薩摩藩は、沖縄を自分たちが中国と貿易をするときの仲立ちとして使い、またこの仲立ちを通して、さらにヨーロッパおよび米国と間接的に取引をしました。このような仕方で植民地をもち、またここに砂糖産業をもつことを通して、薩摩藩は裕福になっただけでなく、やがて徳川家の中央政府をひっくり返す革命勢力を演ずるために必要な、国際的視野と洞察力を養いました。

一八七九年、明治維新から一二年後に、東京の中央政府は、沖縄諸島の世襲制の王にこれまでこれらの島々の知事として支配者の位置を保つことを許していた制度を改めて、東京から直接に送られた人物を知事にしました。沖縄の政府は、ここで解体されました。しかし、沖縄の文化の性格まで一挙に変えるわけにはいきませんでした。中国の強い影響を受け、また日本文化の祖型といわれる文化の伝統を保っているという状況は変わるわけではなく、そのゆえに沖縄は、日本国の内部にありながら独自の文化を保つ地域として残りました。このことは、日本人が、日本本土における米軍占領の終結に際して、沖縄を例外として切り離すことに苦しみを感じなかったことの背景にあります。

一九五〇年代に入ってから、日本本土は、急速な経済回復の段階に入りました。この回復のすばやさについて、劉連仁という人物は、目撃者としての証言を残しています。(1) この人は、戦時下に中国から強制力をもって連れてこられた労働者の一人で、現場から逃げ出して一三年間ひとりで隠れて住んでいました。劉連仁のような人は、ほかにも三万八九三九人いて、この人びとは、いずれも一九四二年一一月二七日の内閣指令によって中国から日本に連れてこられて重労働につかせられました。これらの人のうち六分の一にあたる六八七二人が、二年間のうちに亡くなりました。秋田県花岡山で酷い取扱いに抗議して八五〇人が立ち上がり、そのうち四二〇人が殺されました。劉連仁は、北海道の労働現場を与えられそこで働いているうちに、一九四五年七月三〇日にそこから山の中に逃げ、そこで一九五八年二月九日に発見されました。このときには、日本の首相は岸信介で、偶然にもこの人は、東条内閣の商工大臣として中国人強制労働の政策を決定した人でした。岸政府は、発見された劉連仁を日本国内に不法滞在している外国人として罰しようとしましたが、さすがにその動きは、日本の世論の反対にあって止められました。なぜそんなに長いあいだ隠れていたのかという問いに対して、劉連仁は、ときどき夜など村人の暮らしを偵察に出かけたのだが、窓からのぞき込むと戦争中の欠乏状態にくらべて村人たちは楽しくまた豊かに暮らしているように見えたので、日本が戦争に勝ったのだと思い込んでいたと答えました。

同じ時期に、沖縄諸島に住む日本人は、北海道を含めての日本本土のような繁栄を許されてはいませんでした。一九六六年六月にベトナム戦争反対の日本全土縦断講演旅行を試みた米国平和運動家は、北端の島から南端の島まで旅行したあとで、こんな感想をもらしました。(2) この人はラルフ・フェザーストーンという黒人で、のちに米国に戻って黒人への差別撤廃に反対する右翼の運動家によって仕掛けられた爆弾で殺された人です。彼は、日本全体を回った印象を要約して、平和問題に関するかぎり、日本人は、沖縄と沖縄以外の日本人に分かれているといいました。そのころ、沖縄の米軍軍事基地はベトナム作戦に使われていたわけですから、沖縄に住む日本人は、この戦争の感じ方の深さにおいて、日本本土に住む日本人とはくらべものにならない状況にありました。日本本土の日本人は、日本では平和憲法というものがあって、日本政府と日本国民はいかなる戦争にもそのゆえに参加することが許されていないということに安心感をもって、この状態を賛美することができたのに対して、沖縄に住む日本人は、ベトナム戦争を自分が助けているということに対する現実認識をもっていました。

民俗学者柳田国男(一八七五―一九六二)によりますと、日本文化の祖先は、南のほうから沖縄を通ってきたということです。彼の最後の本『海上の道』(一九六〇年)は、この仮説を提出したもので、それは同時に彼の生涯にわたる日本の風俗習慣の研究の結論でもありました。日本本土においては国家制度の荘厳化の部分として使いこなされたさまざまな伝承が、沖縄においては国家操縦技術と直接に結びつかない形で民衆の儀式の一部分として残っています。伝承とお祭りとは、そこでは、民衆の日常生活にしっかりと根づいているので、日本本土におけるより生き生きとした力を今もなおもっています。(3)

降伏直後の時期には、日本国民のあいだでは、いまやすべての神話と物語が科学の法則によって置き換えられるという主張が強く行われていました。この科学主義は、その一つの形においては占領軍政府によって支持され、またもう一つの形においてはソビエト・ロシア政府の権威を背景にもつ日本共産党によって支持されていました。これら二つの科学主義の流派は、日本降伏直後の時代にはきわめて新鮮なものに見え、またそれに疑いをさしはさむ余地はないように見えたのですが、年月がたつにつれて、それぞれ綻《ほころ》びが出てきました。言い伝えや儀式に表現される日本の土着の伝統は、完全に捨てるべき何かであるとしては、今では考えられなくなっています。これまでに現存政府の政策を正当化するための道具としてこれらが使われてきたその古い使い方は、伝統を解釈する唯一の道ではないと考えられるようになりました。女性が宗教儀式にカナメの役割を果たし、また社会生活においても基本的な価値の形成に参画している沖縄の文化の形は、日本本土における男性本位の社会生活をつくり変えるための示唆を与えるように思われてきました。敗戦後の日本における知的雰囲気が、そのような変化を通り抜けるにつれて、沖縄の伝承と儀式とは明治以後の日本史ではけっして起らなかった仕方で日本人の想像力をとらえました。それは近代日本の官僚的、植民地依存的な文化の中には見出されない日本の古い文化の形への手がかりを与えるものと考えられるようになりました。

沖縄には、日本の中央政府による明治以来一〇〇年の支配を批判する声があり、また十五年戦争の犠牲者の立場に立って、また占領を戦後に本土から切り離されてさらに押しつけられたものの立場に立って、戦中戦後の日本の中央政府を批判する声があります。いわば現代の日本の内部の第三世界の声です。柳田国男とともに柳宗悦は沖縄の文化に早くから目を注いだ人です。沖縄の民芸に対する彼の関心は、日本本土に住む工芸家に刺激を与えました。柳は彼の仲間とともに戦前に沖縄に何度も旅行し、そこで彼は東京製の標準語を沖縄住民に押しつける中央政府の政策と衝突しました。彼は一九四〇年の沖縄滞在中に、沖縄の言葉を守るようにという彼の意見のゆえに警察に連れていかれました。この意見はそのころの戦時日本政府の基準から見ると危険思想でした。そのとき彼は、ある国の文化の力はその国内部の地域の文化の力からくると述べました。地域の文化が薄手のものになり弱くなると、国民全体の文化もまた、性格を失います。それぞれの地域で育ったそれぞれの言語をしっかりと身につけることなしに、どうして国民は自分たち自身にふさわしい表現力を身につけることができるでしょう。ダンテは、当時のイタリアの地域の俗語によって彼の『神曲』を書きました。沖縄の人々も、今日の東京で公の取引に用いられている東京の標準語を習うことは有用なことでしょうが、同時に祖先が皆さん方に残したこの土地の言語への情熱を保ち続けてください。そしてどうぞ、この土地の言語がすぐれた女性詩人恩納《おんな》なべの詩をかつてはぐくみ育てたことを覚えておいてください。この言葉をさらに育てて沖縄の言葉で偉大な文学をつくり出すところまでこの土地の言葉を育ててください。そのとき沖縄は日本全体の心を引き寄せるでしょう。そして世界の人たちもまたそのような文学作品を翻訳するために沖縄の言葉を覚えようとして勉強することでしょう(4)。このことを柳宗悦は、十五年戦争のさなかに述べました。沖縄をこのように見るということは、当時の東京政府中心の国策によって引き回された日本文化を背景とするとき、十五年戦争史の中でひとつの予言的な声明でした。戦争が終ってから、だんだんに人々は、このような柳の意見の正しさに気づき始めました。すでに戦争中に柳は、地域の文化を、東京に総配給代理店をもつ海外からの世界思潮の配給先としてとらえるのではなくて、世界文化がここで創造される場所としてとらえていました。この考え方は、日本の戦中思想史の主な遺産の一つです。(5)

戦後になってわかってきたことですが、沖縄には古い日本がどういう状態であったかということを推定して再設計するための手がかりがあるだけでなく、未来の日本を設計するための手がかりもまたあります。現在の米軍の前線基地としてアジアに向かっているその役割の負い目をつねに自覚し、また第三世界と共有する困難をえている沖縄は日本本土の住民に対して、六〇年代以後の日本の経済的膨張がどこかで抑制されなければ、アジアの隣人たちの権利を侵すことは避けられないようになるという警告を与えます。どのようにして、戦後の世界に対して無害な日本をつくりうるかという展望は、日本国民全体が沖縄体験を受け継ごうとする努力を通して現われるでしょう。降伏直後に日本本土の人たちのあいだにあった沖縄への完全な忘却は、やがて沖縄と再び日本が結びつこうとする希望と結びつき、それは一九七二年にようやく実現しました。今日でも沖縄は日本本土とちがってその島のきわめて大きな部分が米軍基地となっており、住民は米軍兵士の存在と深い結びつきをもって暮らしを立てています。しかし米国政府の意思に反して、沖縄諸島が日本国に戻ったとき、それは核兵器の施設をおくことについて少なくとも本土なみの扱いを受けるという決まりになりました。そこにはきわめて部分的な形ではありますが、日本の中央政府が戦争の末期に沖縄住民に負わせた苦しみに対する自覚があらわれていたといえるでしょう。

一九四五年八月一五日に、日本人は、日本にとって戦争が終ったということしか考えるゆとりがありませんでした。この八月一五日について、その後これを記念して集まるというふうな行事は、敗戦直後にはありませんでした。ところがだんだんに、この日を記念して戦争をあらためて考えるという集会が開かれて毎年くりかえされ、このような戦争の思い出しかたは、のちにベトナム戦争において日本が米国の戦争政策に加担するという事実と結びつけて十五年戦争を考えるようになったときに、新しい意味をもちました。旧軍国主義系の人たちを含めて、日本人の多くは、米国のベトナム戦争政策とかつてのアジアに対する日本の戦争政策とが似ているということに気づきました。こうして八月一五日を記念する集会は、ベトナム戦争と出あうことを通して、反戦活動への糸口となりました。(6)このように日本国外の戦争と結びつけられて国際的視野において八月一五日を見るという習慣ができたときに、この日付けは日本にとっての戦争の終りであるだけでなくて、第二次世界大戦の終りとしてとらえられ、そして世界史の中のいくつもの戦争、これから今後ありうる戦争の中の一つとしてとらえられるようになりました。こうして日本の十五年戦争は、日本にとって特別の現象として考えられるだけでなくて、ほかの国々によって進められたほかのさまざまの戦争との結びつきにおいて考えられるような現象となりました。

このような戦争についての新しい意識が現われた原因の一つは、戦後に育った新しい世代が、戦争中に大人として生きた先行世代の日本人が敗戦と降伏と外国軍隊による占領によってどのように転向していったかを、子どもの目でしっかりと見届けたということによります。占領下にそれまでに育てられたことがないような仕方で、日本の子どもたちが育てられたということは、たしかにひとつの重大な要因となっています。この占領下に育った子どもたちの性格をとらえるためには、戦時の学童疎開にさかのぼる必要があります。このごろになって、私は、モントリオールの新聞で戦時の英国に子どもの時代を送った人の思い出を読みました。そのころ幼い子どもだったパトリシア・トムソンはこんなことを書いています。

学校でわたしは前の晩空襲のために眠れなかったので、よく教室で眠り込んでしまいました。それでも先生に叱られるということはけっしてありませんでした。そのかわりにわたしは教室から抱え出されて、わたしのような戦争で疲れている子どもたちのために特別に用意された小さい別室に連れていかれました。わたしはこれを恥ずかしいこととは思いましたが、しかしどうしようもなかったのでした。(『戦時下イギリス

の話』ザ・ガゼット、一九七九年一一月一〇日)(7)

こういう話は、戦時下に小学生であった日本人によって書かれた回想録とは対照をなしています。一九四一年一月に陸軍省によって編纂された『戦陣訓』と一九四一年七月に文部省によって編纂された『臣民の道』とは、軍国の臣民として具えるべき徳目を賛美した強制したもので、これらは小学校の生徒に対しても理想として教育の基本とされていました。前者すなわち『戦陣訓』は、当時陸軍大臣だった東条大将の監督のもとに編まれたもので、明治初期に発表された「軍人勅諭」とははっきりとちがう考え方を打ち出しました。それは、天皇に対する絶対的服従を強制し、兵士たちに生きて捕虜となってはいけないとさとし、兵士の家族には戦死者の死体がうちに戻らない場合もあるための覚悟をしておくように伏線を準備しています。このような軍国国民としての徳目を小学校の少年少女にまで強制することを通して、教師たちは、生徒に対し、軍隊組織における上級者の役を演じました。戦争が終ってから発表された学童疎開の記録には、子どもを保護してくれるやさしい先生の肖像はわずかしか入っていません。このような教師たちが、一九四五年八月一五日を境として回れ右前へという動作をしたことは彼らに教えられていた子どもたちの心中に、目標に対する裏切り者としての忘れがたい印象を残しました。(8)子どもたちがそれまで使っていた教科書は、修身の教科書だけでなく歴史の教科書、地理の教科書、自然科学の教科書などを含めて、そんなところにまでちりばめられている日本の国体賛美の文章のすべてに墨を塗ったうえで、はじめて使用を許されました。これらの墨を塗られた叙述のかわりに、子どもたちは、それまで国体を守るためには玉砕する用意があるべきだと教え、勅語を暗誦するときにうまくいかなかったりすると殴ることをふつうにしていたその同じ教師たちが、今度はこれこそきわめつきの科学的真理であるというものを占領軍直伝の真理として教え込みました。このような大人の指導者に対して、降伏当時に六歳から一五歳のあいだの年齢にあった人たちのもった不信の観念が、そののちもこの人たちについて回ります。この中には占領軍不信の倍音が響いていることにも注意する必要があります。彼らは、一九六〇年に戦時指導者だった岸信介が総理大臣となって米国と日本とのあいだに軍事協定を新たに結んだときに、政党から独立した抗議集団の中核をつくります。五月一九日に岸総理大臣とその率いる自由民主党は、多数決によってこの軍事同盟を衆議院で可決しました。それは合法的手続きでした。野党はこの問題についてもっと議論することを強く求めましたが、岸総理大臣は待つことができないと感じました。というわけは、彼は米国大統領アイゼンハワーが日本を訪問する日どりに合わせて彼へのお土産としてこの軍事同盟を手渡すつもりだったからでした。彼のとった手続きは合法的なものではありましたが、力に任せた多数党の強引な軍事協定可決への動きが戦時内閣の大臣によって、いまは総理ですが、なされたということは、民衆のあいだからこれまでの歴史になかったほどの自発的な広範囲にわたる怒りを呼び覚ましました。ほとんどひと月のあいだ、抗議する人々が、国会を取り囲みました。その絶頂にあたる六月四日には全日本で抗議のデモを行なった人々は五六〇万人あったと報道されています。衆議院可決後この法律が成立した六月一八日には、三三万人の人々が東京の国会を取り巻きました。国会に対する抗議としては日本歴史で最大の規模でした。この抗議運動の中で六月一八日に三日先立つ六月一五日のことですが、学生の集団が国会に押し入り、警察機動隊とぶつかる中で、東大女子学生樺美智子(一九三七―六〇)が、死亡しました。アイゼンハワー大統領は日本訪問の途中にすでにあって当時フィリピンにきていたのですが、樺美智子死亡のあとで起った抗議運動の強さを知って日本を訪問する計画を取りやめました。岸総理大臣は、辞職せざるをえなくなりました。しかし新安保条約は法律として成立しました。日本はしっかりと米国の核のカサのもとにおかれることになります。

このときには、日本と中国とのあいだには、戦争状態が、まだ終っていませんでした。平和条約が、両国のあいだに結ばれていませんでした。こういう状態のもとに、沖縄に米軍の基地をおかれているので、当時は中国から見れば日本全体が沖縄のかげにかくれて、中国に対する軍事的脅威となっていました。この事実を見定めることが、日本歴史の中で政府に対する抗議を史上最大のものとする原因となっていました。このときに抗議に参加したものは、どういう人たちだったのか。もっとおおきくくってとらえるならば、この抗議行動のおこった一九六〇年には日本国民の過半数が十五年戦争をくぐりぬけた記憶をもつものであり、その記憶が日常の睡眠状態からよびさまされたと言えます。(9) 抗議に参加した学生と市民とは、全体として国会内の左翼政党の呼びかけに応えてこの行動に入ったのではありませんでした。学生たちのもっとも急進的な集団は、共産主義者同盟という組織に属しており、それは日本共産党とは独立しておりこれに対して批判的な組織でした。共産党も社会党もこの叛乱の中で抗議行動の行方を左右する力をほんのわずかしかもっていませんでした。反対運動の高まりは、岸が退いて池田勇人が首相となったのちに退いていきました。池田勇人は低い姿勢によって知られ、日本国民の収入を倍増するという経済計画に集中しました。このようにして反対運動が終ったことは、大衆の抗議がイデオロギーに基づくものではなかったという性格を示しています。それは主として十五年戦争に対して責任をもっていた首相の存在と、中国人に対して日本人がもっていた罪の感じによって古傷が引き裂かれて痛みを発したということに由来しています。この抗議運動の象徴となった樺美智子という女性は、亡くなった当時二二歳でした。彼女は東京大学の日本史学科大学院学生でした。(10) 戦争が終ったとき彼女は七歳で小学校の二年生でした。

もう一人同じ共産主義者同盟ブントの系統で当時の急進主義学生を代表する人に、柴田道子(一九三四―七五)がいます。彼女は、学童疎開という主題を取り扱った日本最初の小説『谷間の底から』(一九五九年)を書きました。この小説の読者からきた手紙が彼女に日本で長いあいだ差別の対象となってきた被差別部落の暮らしについて教えました。彼女は、被差別部落の人たちのあいだで聞き書きを集めて、『被差別部落の伝承と生活』(一九七二年)を書きました。被差別部落出身の青年が強姦殺人事件の容疑者とされて狭山事件が起こったときに、彼女は全力をあげてこの青年のために抗議運動を組織し、持病の喘息の発作で一九七五年に亡くなりました。一九六〇年の抗議運動が衰えてそのかわりに経済繁栄が日本全体を包んだとき、かつて抗議行動に参加した人たちの多くは、ふつうの市民の日常生活の中に埋もれていきました。この中で柴田道子は自分の道を掘り進んで、日本社会の圧倒的多数を占める中流意識をもつ人たちによってはじき出されている少数者集団の疎外に反対する運動のために働き続けました。彼女は、日常生活においては、会社員、のちに弁護士となった人の妻でした。戦争が終ったとき彼女は一一歳で小学校六年生でした。樺美智子と柴田道子とはともに、彼ら自身の属する急進派の集団の内部においてもまた戦後日本全体を指導する年長の指導者たちに対しても、男性の指導に服するという習慣から自由でした。(11)

今日では、日本の降伏とかその直後に与えられた墨で塗られた教科書などの記憶をもっている人たちよりもさらに若い世代の人たちが現われました。その中で、戦争を大人として通り抜けた人たちと戦争後に育った人たちとのあいだにあるほぼ一〇年ほどの幅の世代の人々のあいだには、年長者の指導に対する不信の念が今後も残っていくでしょう。それはこの年齢の人たちが、無党派であるか急進派であるかと無関係に、彼らの心理的特徴となっているものです。そして彼らはこれから何年ものあいだ重要な役割を日本社会において務める年齢層に属しています。(12)

かつて労働運動の組織者だった大野力によりますと、都会に対する大空襲の中から逃げ出した人たちは二つの型に属するそうです。第一の型は、戦争の非人間性を強く感じて戦後になってからは戦争に反対する運動に対する道徳的な意思を強くもった人たちです。第二の型は、彼らの住んでいた家々がこんなにもたやすく焼けてしまったということによって強い印象を受けて、これからはこんなにたやすく焼けない家をつくろうという技術的な動機を育てた人たちです。戦後に育った人たちはこの二つのタイプの中で、戦中に育った人たちの中の第二の型、つまり技術的心性に近い感じ方をもつものとして現われています。(13)

一九七七年に批評家江藤淳(一九三三—九九)は、一九四五年八月一五日に起こったことは日本国家にとっての無条件降伏ではないという主張を繰り広げました。(14) 日本政府はポツダム宣言の条件を受諾したのであるから、日本政府の決定は条件付きの降伏である。であるから、彼によれば、無条件降伏を前提として繰り広げられた日本の戦後文学の主流に属する作品は偽物であって、今日に明らかにされた事実の光のもとでは崩れ去ってしまうものだというのです。江藤淳は、戦後に生まれて六〇年代以後の経済繁栄の中で安定した生活をしてきた若い世代に対して大きな魅力をもつ批評家です。彼が力をこめて引き下ろそうとしているのは『近代文学』によって代表されている日本の戦後文学の主流をなす人々の作品です。江藤の主要な論敵として選ばれたのは、『転向文学論』(一九五七年)と『物語戦後文学史』(一九六六年)を書いた本多秋五(一九〇八―二〇〇一)です。敗戦に続く時期に批評家の大方がみてとることのできなかった細かい事実のいくらかに江藤淳は光をあてました。ポツダム宣言の条件は、勝者も敗者もともにそれを守るべき基準とされていました。しかし国際法学者高野雄一が指摘したように、日本の民主化を約束したポツダム宣言の条件は、連合諸国が日本に対して無条件に提案した条件であって、それらは日本と連合諸国との相談の結果ではありませんでした。(15) ですから日本がポツダム宣言によって定められた降伏の条件を無条件に受諾したということ、ならびに陸軍と海軍の無条件降伏に応じたという事実は残ります。さらに連合国側の意図と日本政府の意図は、ともに一九四五年八月一五日に起こったことは、日本の無条件降伏であったととらえていました。後者、つまり日本政府の側がそのように八月一五日をとらえていたという事実は、一九四五年八月から一九四六年にかけて発行された日本の新聞ならびに雑誌にのった意見にはっきりと現われています。そこにのっている論文の類は無条件降伏という言葉を用いており、それらはけっして、このゆえに占領軍当局によって否定されませんでした。連合国指導者が無条件降伏に固執し、そのゆえに軍事上の見地からいえば不必要なまでに戦死者をふやしたという事実は、リデルハートが『第二次世界大戦史』において強く主張しその全体の結論としたところです。彼はこの本の最後の節につぎのように書いています。

　このようにして「不必要な戦争」が不必要な仕方で引き延ばされ、何百人もの生命が不必要にさらに犠牲とされた。これに反して最後にもたらされた平和は、ただ単につぎの戦争の新しい脅威と湧き上がる不安とをもたらしたばかりだった。というのは、敵側の「無条件降伏」を求めて第二次世界大戦を不必要に引き延ばしたことは、中央ヨーロッパに対する共産主義勢力の支配への道を開いて、スターリンにとってだけ利益をもたらしたことになった。

江藤淳の論法の目標は、戦争の記憶をもたない日本の新世代の読者たちに対して、敗戦直後に活動した批評家が進めた以上の敬意をもって明治以後の日本の遺産を見るようにと訴えることを主眼としていました。戦争年間の事件をくわしく分析することは、明治以後の伝統とその達成の不足分に光をあてます。このような批評に対して、江藤淳は彼の無条件降伏否定の論争によって反対運動を引き起しました。彼の論法は、世代間の対話を通して未来に引き継がれていくでしょう。私は私自身の見方をここに述べました。

（1）上田広『原始林の野獣と共に――劉連仁日本潜伏記』(穂高書房、一九五九年)。一九七七年現在、中国の高密県井溝人民公社草泊大隊革命委員会副主任。連行の記録は口述をもとにして欧陽文彬『穴にかくれて十四年』として刊行されているという(『現代人物事典』朝日新聞社、一九七七年)。

花岡事件については、野添憲治『花岡事件の人たち』(評論社、一九七五年)。(追記。野添憲治『中国人強制連行・花岡事件関係文献目録』能代文化出版社、二〇〇〇年。)

（2）日本縦断旅行についてのラルフ・フェザーストーンの感想は、鶴見俊輔・小田実・開高健共編『反戦の論理』(河出書房、一九六七年)に収められている。

（3）住谷一彦「アカマタ・クロマタ――八重山印象記、『南海の秘密結社』」(『みすず』一九六四年一月号)、「南西諸島の Geheimkult――新城島のアカマタ・クロマタ覚え書」(『南西諸島の神観念』未来社、一九七七年)。

東京在住の学者にとって段差の印象をあたえられた沖縄の祭についての沖縄在住者の記録として、新川明『新南島風土記』(大和書房、一九七八年)がある。

（4）柳宗悦「国語問題に関し沖縄県学務部に答ふるの書」(『沖縄朝日』、『沖縄日報』、『琉球新報』同時掲載、一九四〇年一月一四日、『琉球新報』のみは一四、一五両日)。これは沖縄県学務部が上記三紙に発表した「敢て県民に訴ふ、民芸運動に迷ふな」への反論であった。『柳宗悦全集』第一五巻(筑摩書房、一九八一年)。

(5) 大江健三郎『沖縄ノート』(岩波新書、一九七〇年)。

(6) 一九六五年八月一四日から一五日にかけて東京12チャンネルが「戦争と平和を考える徹夜ティーチ・イン」を放映した。深夜をすぎて、司会者が「天皇がまた戦えと言えば戦うか考えて見よう」と言ったところで、主催者にことわりなくテレビ局側の判断で放映はうちきられたが、集会は朝までつづけられ、翌日の他の団体による戦争再考のさまざまの会議にひきつがれ、二四時間のマラソン集会となった。この時、ベトナム戦争への日本政府の間接支持が、国内体験として考えられていた八月一五日の意味を、国際体験として、日本が加害者としてたちむかったアジア諸国民の側からとらえなおす動きが、八月一五日記念集会にくわわった。べ平連、わだつみ会、国民文化会議などさまざまの集団が、この後の八・一五記念集会をになった。徹夜ティーチ・イン放映中止については「ベトナムに平和を」市民連合編『資料「ベ平連」運動』上巻(河出書房新社、一九七四年)。

(7) Patricia Thompson, "A Story of England at War," The Gazette, Montreal, Canada, November 10th, 1979.

(8) この体験から、山中恒は、同時代の記録を復刻して、『ボクラ少国民』五部作、『ボクラ少国民』、『御民ワレ』、『撃チテシ止マム』、『欲シガリマセン勝ツマデハ』、『勝利ノ日マデ』

（辺境社、一九七四―七九年）を書き、当時の少年少女を三〇年後にたずねた会見記『戦中教育の裏窓』（朝日新聞社、一九七九年）を書いた。

戦時の学童疎開について、中根美恵子『疎開学童の日記――九歳の少女がとらえた終戦前後』（中公新書、一九六五年）、月光原小学校編『学童疎開の記録』（未来社、一九六〇年）があり、当事者自身がこの体験をもとに書いた長編小説の最初の作品として、柴田道子『谷間の底から』（東都書房、一九五九年、後に岩波少年文庫の一冊として一九七六年に出版された）があった。

（9）　この側面を米国の新聞はとらえそこねた。日高六郎編『一九六〇年五月十九日』（岩波新書、一九六〇年）。

（10）　樺美智子（一九三七―六〇）の遺稿は、樺光子編『人知れず微笑まん』（三一書房、一九六〇年）として出版された。

（11）　柴田道子（一九三四―七五）の遺稿集は、『ひとすじの光』（朝日新聞社、一九七六年）。

（12）　北山修（一九四六―　）は、京都府立医科大学に在学中に、ザ・フォーク・クルセイダーズを組織し、一九六七年「帰って来たヨッパライ」という歌のレコードで全国に知られ、戦無派の代表格となった。『戦争を知らない子供たち』（ブロンズ社、一九七一年、他に、角川文庫版）という著書がある。

（13）　大野力「戦争責任についてのシムポジウム」（思想の科学研究会、一九五九年夏季総会での発言）。

(14) 江藤淳は、敗戦の頃の日本政府の中堅官僚との対談を、一九七七年に雑誌『現代』で一年つづけることをとおして、「無条件降伏したのは日本陸海軍であって日本国ではなく、日本はポツダム宣言に明示された七つの条件を受諾して降伏したのだという確信を得た」という。

江藤淳『もう一つの戦後史』(講談社、一九七八年)。この確信をもとにして、戦後文学の代表的批評家本多秋五に反論を加えた。江藤淳『忘れたことと忘れさせられたこと』(文藝春秋、一九七九年)。

本多秋五の反論は、「『無条件降伏』の意味」(『文藝』一九七八年九月号)、「江藤淳氏に答える」(『毎日新聞』一九七八年九月七日、八日、夕刊)。

(15) 江藤淳の判断にたいして国際法学者高野雄一の加えた批判は「無条件降伏論争の問題点」(『朝日新聞』一九七八年一〇月二日、三日、夕刊)。

国際法学者からの江藤淳批判として他に松井芳郎「喪失の戦後史と戦後史の喪失」(『科学と思想』第三八号、一九八〇年一〇月)がある。

ふりかえって

一九七九年一二月六日

日本の戦時精神史に近づくときの私のやり方は、転向に注意してこれを見ることです。これは転向論的方法ということもできるでしょう。昔、学問の方法がわずらわしくなりすぎたことに警告を与えようとして、ある学者がカサ学という新しい科学を提唱するフリをしたことがあります。それはカサのさまざまの種類についての精密な分析と分類法を繰り広げたものでした。転向論などというものは、皆さんにとってカサ学と同じように役立たずのわずらわしい議論と思われるかもしれません。だが私にとって、転向論、あるいはもっと簡単にいえば転向の研究ということですが、それは、私が自分の位置を知るうえで自分にとっては役に立った考え方で、私を取り巻いている知的環境に診断を試みる際に役に立った方法です。それは、戦時の日本を記述し評価する際にも役に立ちましたし、また明治以後の日本を記述し評価するのにも役に立ちました。それはまた日本の外の国々のさまざまな文化思潮の進行中の出来事を理解する場合にも、私にとって、しるべとなりました。

比較転向論に向けて拡張することも、できます。そこに国家の強制力の使用がありまた個人の自発性があるかぎり、この二つの力の相互作用は、さまざまの種類の転向を、よいにつけ悪いにつけ、つくり出します。

私は、ときによって失敗したとも思いますが、国家権力の動きと個人の選択の軌跡とを対照してともに登録するという仕方で記述する仕事に、私の転向研究を限るように努力しました。このような事例研究は、私たち自身にとってつまずきの石となるさまざまの事柄を予測させ解明させることに役に立ちます。

ここにリリアン・ヘルマンが一九七六年に最初に出版した『眠れない時代』という本があります。(1)米国でマッカーシー上院議員が魔女狩りを進めた戦後時代の物語です。一九五二年に、リリアン・ヘルマンは、下院非米活動委員会に出頭するように命ぜられました。同じように出頭を要請された人に、劇作家のクリフォード・オデッツがあり、彼は出頭前にバルベッタというレストランで食事を一緒にするようにヘルマンを招いて、こんなことをいったそうです。「いいかい、あの委員会のやつらに何をいってやるかをあなたに教えましょう。あいつらに急進主義者というものがどういうものかをちゃんと見せてやってどうでもしやがれといってやるつもりなんだ。」オデッツは一九三〇年代に「目ざめて歌え」という劇によって知られた左翼作家でした。オーストリア生まれの映画女優ルイズ・レーナーの夫としても知られていました。その後、彼は「ゴールデン・ボーイ」という戯曲を書いて、それはウイリアム・ホールデン主演で映画になり、私の学生のころにはそれは有名な映画でした(2)。やがてリリアン・ヘルマンの出頭よりも一日早く下院非米活動委員会に姿を見せたオデッツは、彼の昔の信条についてまちがっていたことを謝罪し、そのころに彼の旧友だった多くの人たちの名前をあげて共産党員であったと証言しました。「ですから私には、バルベッタでのあの会話がわからなくなりました。あの晩には、彼は、私に話したことを信じていたのかもしれません。何週間かたってから、自分がハリウッドでの未来を犠牲にするかもしれないということに直面して、彼は、自分の決断を変えたのだろうと推定するほかありません。古めかしいきまり文句が、いまではますますあたっているということになります。自宅の庭のプール、テニスコート、絵のコレクション、未来に待っている貧困などは、多くの人たちにとってものすごい辛いことであって、撮影所の所長たちは、それを知ってこれを強力な武器として用いたのです。」

さらに数週間たってから演出家のエリア・カザンは、ヘルマンに、彼は下院非米活動委員会で「協力的な証人」になるつもりだよといいました。というのは、そうしないと彼は、ハリウッドでもう映画をつくれなくなるからということでした。

リリアン・ヘルマン自身は、一九五二年五月二一日朝、この委員会に出頭しました。彼女は、彼女自身に関する質問にだけ答えて、彼女以外の人々にかかわる質問については、沈黙を守るという線を押し通しました。マッカーシー旋風の全時代を通じて、ヘルマンは、委員会の質問に答えて、しかもほかの人間を罪に陥れることを拒否した、最初の証人となりました。ヘルマンのあとで、劇作家アーサー・ミラーのように、同様の立場をとる人も出てきました。(3) そのほかにダルトン・トランボのように、けっして妥協はせず、彼自身の名前をつけた脚本はもはやハリウッドの管理人たちに受け付けられなかったので、ほかの人の名前を借りて脚本を書き続けるというような人も出ました。(4) ともかくマッカーシーの魔女狩りに対して、はっきりと立ち向かった最初の人が女性であったということは、意義深いことです。

この証言をしたあとで、ヘルマンは、私生活のうえでも、また財政上でも、損失を被りました。彼女は、それまでもっていた農園を売り払わなければなりませんでしたし、現金収入がなくなったときには、中年をすぎて百貨店でパートタイムの仕事をしなければならなくなりました。彼女と、その当時いっしょに住んでいたのはダシール・ハメットで、この人は『マルタの鷹』とか『影なき男』などの探偵小説の著者です。(5) 彼は、人権会議という組織が保釈金積立ての資金を募ったときの応募者の名前を証言することを拒否した罪で、牢屋に入れられました。

マッカーシー旋風の時代をふりかえって、ヘルマンは、このように感想を述べました。

「国会への私の初登場から始まってそのあとに続く年月に起こったこの時代のいろいろな出来事のために、私はかなりの罰金を支払った。私が自由主義についてもっている信念は、ほとんど全部なくなってしまった。そのかわりに、私は、何かひそやかなものを獲得した。それはほかにいい言い方がないので、まともであること、と呼んでおこうと思う。」ほかの国々においては、米国に起こったような魔女狩りは起らなかった、とヘルマンは、いっています。他の国というとき彼女が考えていたのは、主として英国のことです。彼女が日本のことを念頭においていなかったということは、はっきりしています。

私の大学のころの同級生の一人が、敗戦直後に占領軍の一員として日本へきたときに、こんなことを私にいったことを思い出します。米国にとって最悪のときがきた。米国は米国史の中ではじめて、大政翼賛会をもつことになるだろう。そのとき、彼らは、日本の経験から学ぶことができるはずです。この私の友だちは、この点で洞察力があったと思います。米国に、その当時すでに育っていたいわゆる日本研究者、日本学者の集団は、このような感受性と器量をもつ日本研究者を育てることが、ありませんでした。

リリアン・ヘルマンに戻りますと、彼女の最初の重要な戯曲「子供の時間」は、まともであることは何かという主題を、のちにこの戯曲の作者の現実の生活の中で演じられるような仕方で、取り扱ったものです。この戯曲の主題は、同性愛です。大学時代の同級生だった二人の女性の経営している私立の学校が、生徒数の減るのに悩んでいます。それはこの学校の二人の先生たちがレズビアンであるという、無責任な噂が広まったからです。学校は、閉鎖せざるをえなくなりました。その結果として教師の一人が自殺をします。その自殺の前に、彼女は、その友だちに、彼女自身は同性愛の感情をもっていたということを告白しました。やがてその友だちの葬式があって、生き残った先生のところに、前には噂のゆえに遠ざかっていたもとの婚約者が現われて、いまやあのことは噂にすぎなかったということが証明されたじゃないか、といって彼女を慰めようとします。しかし生き残った先生は、その婚約者に背を向けて立ち去っていきます。この戯曲のヒロインにとって、レズビアンであるという噂によって自分から離れていった婚約者はまともではないのであって、もうこれ以上彼に注意を払うだけの値打ちがないというのです。この戯曲の構造とこの戯曲で展開されているまともさの感覚とは、マッカーシー旋風の時代を生きた戯曲作者自身の哲学とひびき合います。

マッカーシー旋風は、カナダにおいても犠牲を出しました。それはE・H・ノーマン(一九〇九―五七)です。チャールズ・テイラーの書いた『六つの旅――カナダの型』(一九七七年)は、ハーバート・ノーマンの生涯について鋭い分析を与えてくれます。(6)

ノーマンは、カナダ人宣教師の息子として日本の農業地帯に生まれました。彼は三〇年代にイギリスのケンブリッジ大学に学び、そこで共産党の研究会の一人となりました。それは、スペイン市民戦争の時代でした。そのとき共産主義は、ノーマンにとってファシズムを防ぐための唯一の道と見えました。ケンブリッジ大学のあとで、彼はハーバード大学に行って博士課程の勉強をしました。彼の博士論文となった『日本における近代国家の成立』は、太平洋問題調査会の専門論文叢書の一冊として発行されました。この時代になると、彼の見方は共産主義の立場から自由主義の立場に変わっていました。このような立場の人として、彼はカナダの外務省に入りました。日本降伏ののちに、彼はただちに日本に呼ばれて占領軍の仕事を助けるようになりました。占領後まもないころ、彼は、日本の監獄にいて、十五年戦争の期間を通じて非転向を貫き通した共産党員と面会しました。ノーマンからの直接の情報をもとにして、マッカーサーは、日本降伏以前から留置されているすべての政治犯を釈放するようにと、当時の日本政府の政策を頭越しに批判して指令を出しました。占領のこの最も早い段階においては、E・H・ノーマンは、連合諸国の管理の中で日本語をよくこなし判断の基礎となる調査資料を使いこなす力をもつほんのわずかの人の一人でした。当然に彼は、大きな影響力をもちました。彼のすべての助言が、最高司令官マッカーサーによって受け入れられたわけではありません。たとえばノーマンは東京軍事裁判で死刑を宣告することに反対でした。彼の考えでは、この無謀な戦争に責任ある指導者たちに対する最も重い刑罰としては追放が適当であろうということでした。この詩人風の正義感は、ノーマンの価値意識をよく表わしています。

占領に対して表わされたノーマンの大きな影響力は、その後の時代の逆流によって仕返しをうけました。駐日カナダ大使としてしばらく勤めたのち、ノーマンは、占領軍内部の左翼分子に対する流言の対象となり、王室カナダ騎馬警察の尋問を受けました。このときには、彼は、無実であるということが明らかになって、その後ニュージーランド高等弁務官に任命されました。さらにのちには、カナダ政府はノーマンの経歴に傷がないという判断に立っていたゆえに、一九五六年に彼をカナダの駐エジプト大使に任命しました。そのころエジプトは、スエズ運河に対する英仏の武力行使によって引き起された混乱状態にありました。カナダ首相レスター・ピアソンの外交政策は戦闘状態にある両陣営のあいだに平和維持のために国連軍を割り込ませるという目的をもっており、そのためにノーマンはエジプト大統領ナセルを説得することに成功しました。ノーマンは、エジプトの理想に共感を失うことはありませんでした。カナダが世界外交の舞台に立ったのは、このときがはじめてでした。それは、マッカーシーの影響下の米国において古い流言をむし返されるもう一つの理由となりました。そのころ米国上院国内治安小委員会では、一連の公聴会が開かれていました。ここで議員たちは、かつて日本占領下にノーマンが獄中の日本共産党指導者を訪問したことは、彼がソビエト・ロシア政府と協力する秘密の意図に基づいたものであるというふうにみなそうとしました。ノーマンの旧友たちが呼ばれて公聴会で証言を求められたところから、彼の古いつき合いと友人関係が、彼があたかもソビエト・ロシアの凶悪な秘密計画の手先として働いたかのような印象をつくり上げるために使われました。このような公聴会は、ノーマンのエジプトにおける努力を割り引きして考えるようになるだろうという見通しでした。一九五七年四月四日早朝、ノーマンは、カイロにある九階建てのアパートメントの建物の屋上から身を投げました。彼の兄ハワードに残した手紙で彼はこう書いています。

私は、状況によって圧倒されており、あまりにも長く幻影のもとに暮らしてきたと感じます。私は、キリスト教がただ一つの真実の道であることを自覚します。許してください。事情は、見かけほど悪くはないのですから。十分にひどいということは、神が、ご存知です。しかし私は私自身の忠誠の誓いをけっして破ったことはありません。しかし交際によって覆いかぶせられる罪という形が、いまや私を押しつぶしてしまいました。

もう遅すぎるかもしれませんが、神の許しのために祈ります。

兄ハワードと妻グエンに宛てて書かれた第二の覚書きの中で、ノーマンは再び彼の無実を述べ、

残念ながら十分に強くはありませんでしたが、私のキリスト教信仰が、この最後の日々に私を支えるために役立って助けとなりました。

とつけ加えました。

リリアン・ヘルマンとE・H・ノーマンの例をたどることによって、私たちは転向の問題が戦時日本の国境内にとじこめられているものではないということがわかります。転向問題は、資本主義諸国の国境内に閉じこめられているわけではありません。そのことは、ソビエト・ロシアのブハーリンやソルジェニツィン、それから中国の老舎の例を考えてみることによって知ることができます。これまでのところ私は日本以外の例を多く引用しませんでしたが、国際例の比較は未来に実りをもたらすと思います。私たちの取り扱った日本現代史のわずかの時間において、戦後の転向の傾向は、一九三〇年代のドイツ共産党員の転向よりも同じ年代のフランスおよびイタリア共産党員の転向の軌跡に似てきました。戦後日本においては、急進主義者の学生はひとつの極端からもうひとつの極端へと飛び移る傾向を示していません。このような分類はガブリエル・アーモンドが『共産主義の魅惑』の中で工夫した分類法によっています。(7) このような変化は、日本の社会構造が日本降

伏以後、根本的な変化を経てきたために、現存秩序に対して決定的な批判の立場をかつてもった人たちに対して、長期にわたって監視しイデオロギー上の差別を保ち続けるというよりも、もっと柔らかい寛容な態度を社会がとるようになってきたためです。

転向の事実に近づくためにはいろいろな道筋があります。一つは日本共産党が、党員から転向者が出てきたという事実と直面してからとってきた方法です。現在の党の考え方から離れたものは転向であり、裏切りであり、さらにまた現状についての科学的把握の失敗であるとみなすものです。日本共産党は転向という現象を一九三〇年代の日本に起こった現象をさすだけにかぎり、それは絶対主義的半封建的資本主義的天皇制と共産党員との闘争の中で起こった事柄と考えます。その場合転向とは、天皇制の権力に屈伏して一九三〇年代の日本の状況の科学的把握に失敗した急進主義者たちのまちがった考えをさすものであり、日本共産党の方針にはっきりと示されているプロレタリアートの階級的視点からの逸脱であるとされます。吉本隆明は、転向についてのこの見方に対して反対の提案を試み、転向とは、近代日本の社会構造に自分自身を投入して考えることに失敗した結果、知識人のあいだに起こった観点の移動であるとしました。このように定義することによって、吉本は一九三〇年代の状況と有効に取り組むことのできなかったすべての例を転向という中に入れました。転向はそのとき、すべての非効果的な思考に対するもう一つの名前となり、獄中共産党員によってなされた非転向を含むことになります。転向についての私の考え方は、国家の強制力行使の結果として、個人あるいは個人の集団に起こる思想の変化であるととらえます。それはさまざまの状況のもとに起こるさまざまの型の転向を記述するためのしるべとして工夫したものです。転向を特徴づけるために、私たちは国家権力の性格とそれが用いる強制力、さらにこれらの強制力に対して反応するさまざまの個人の考え方の変化を記述することができます。転向それ自身は本質においていいか悪いかということは、この定義によっては規定しません。しかし戦時の転向についての私自身の記述を通して、私は転向の結果として現われたさまざまの思想の中から実りのあるものを明らかにしたいという希望をもっています。私自身がしるべとした考えは、いまの中国で悪名高い孔子の論語にある言葉で、「過を観て、すなわちその仁を知る」という考え方です。

これまでお話してきたことを要約しますと、まずわれわれの取り上げた事柄は、一九三一年から四五年までの戦時期日本の精神史でした。これらの一五年間に、軍国主義とファシズムとが日本を支配していました。日本自身の内部で社会改革を行なって困難を解決するという努力を避けて、政府は、軍事力によって国外に進出する道を選びました。それは政府によってとられた国策でした。この国策に合わせてそれを理論によって正当化することが、政府が日本の知識人に課した任務でした。この目的のために日本政府は、投獄を含むさまざまの強制力を用いました。しかし方法的に投獄にもまして有効であったのは、日本人にとって長期にわたる伝統となっていた鎖国性を政府指導者が巧みに利用できたことです。その伝統の根は明治以後の近代化よりも前にさかのぼることができるものです。世論は、隣組制度を導入したことをきっかけとして、流言と自由な思想表現が統制されることになって、画一化されてゆきました。このような舞台装置の中で、それまでの急進派ならびに進歩的な思想の容れ物となってきた東大新人会のスタイルはたやすく屈服し、自分たちの思想を軍国主義ならびに超国家主義の国策宣伝に姿を変えました。これが一九三〇年代の転向に見られるふつうの形です。

　十五年戦争の期間に続けられた抗議と抵抗は、ほかのところに見出されます。そこでは鎖国状態の伝統は別の仕方で用いられました。日本の超国家主義の理論家として、北一輝と権藤成卿とがあげられます[8]。北は天皇の軍隊を用いて国民の収入を平等化し、天皇の名において日本を社会主義化する道を提唱しました。この思想のゆえに彼は一九三六年二月二六日の革新将校の蜂起との結びつきを押しつけられて死刑に処せられました。権藤の場合には、彼の伝統主義的な国家主義は衣食住の確保という問題と取り組むに際して、日本古来の習慣を復活させる道を探すことになりました。徹底した農業化に基づく自治が、彼が超国家主義の思想化として唱えたものです。権藤の理論は、保守的な学者とみなされている柳田国男の理論とも親縁関係にあり、また明治後期の最初の社会主義者の生き残りであった無政府主義思想家石川三四郎とも親縁関係にあります。石川は、東大新人会のさかんであった同じ時期に、彼らとちがう仕方で彼らのスローガンであるデモクラシーという言葉を解釈し、それを土民主義という言葉にフリガナとしてふって、土地に依って暮らす人々の自治と理解しました。彼は、当時の学生運動とデモクラシーの解釈において対立しました。彼は、六〇〇坪ほどの地面を借りてそこに野菜を植え、このゆえに長い戦争の期間中も自らを支えることができ、八〇歳まで生きることができました。七〇歳になったときも彼は屋根の上に登ってそれを自分で修理することができました。このような暮らしの流儀のゆえに、彼は自分の食料を確保するために著作のみに寄りかかるという必要がなく、このためにその戦時の著作においてさえも国策に同調しませんでした。彼のところに個人的にきて助言を求める人々に対して、彼は軍隊からの脱走と非暴力的なサボタージュの方法を勧めました。[9] 柏木義円もまた明治の社会主義者の生き残りの一人で、彼は牧師として暮らしを立て、中日戦争を彼自身の主宰する小さな雑誌『上毛教界月報』によって批判し続けました。[10] この雑誌は、しばしば発禁になりました。しかし彼が彼の近所の人たちにつねに親切であり個人的な配慮を示していたために、死に至るまで町の人々から、その非戦思想によってではなく、その温かい人柄によって愛されていました。正木ひろしは弁護士で『近きより』という個人雑誌を出し続けました。[11] 彼はその中で、戦時下に警察によって拷問を受けて殺された容疑者について徹底的に追及し、その拷問を明らかにすることに成功しました。彼の批評はつねに特定の争点に向けられ、実証的な方法によってなされました。このゆえに彼は戦争の終りまで、『近きより』を発行し続けることができました。桐生悠々もまた、小さい雑誌を通して戦争を死ぬまで批判し続ける独立ジャーナリストの一人でした。[12] 辻潤という大正時代生き残りのダダイストも忘れることはできません。彼は大正時代以来いかなる政治上のスローガンにも信頼をおくことなく、いかなる政治上のイデオロギーにも信頼をおくことがないということを公言してきました。輸入されたさまざまの進歩思想は彼の頭からフケのように落ちていきました。しかしそのかわりに政府の強制する軍国主義がすみついたということはありませんでした。彼は尺八を手にもって乞食のような暮らしを続け、戦争の末期に飢え死にのようにして亡くなりました。[13]

これらの例はすべて、有効でない社会主義と有効でない自由主義の例としてあげることもできるでしょう。しかし私たちはこのときに状況に対してつねに有効であろうとする欲望が、大正時代の自由主義ならびに社会主義の代表的な論客の多くを十五年戦争の期間に軍国主義ならびに超国家主義の指導者としていったということを覚えておく必要があります。これらの有効でない抗議と抵抗のさまざまの方法は、東条政権が掘りおこすことのできない思想と感情の深い層の中に生き残っていた明治以前の鎖国時代の文化の伝統を生かした試みであり、そのゆえに戦時の鎖国状態の内部に、もうひとつの鎖国状態として生き残ることができました。そしてこのような鎖国状態の伝統は、日本が降伏して占領されたあとの、戦時とはガラリと変わった状況のもとにおいて、もっと実りのある場面を得て発展していく道筋がありうることを示しています。

日本は、米国やソビエト・ロシアのような超大国にくらべることのできない小さな軍備をもつ国としてであり、軍事的な強制手段に頼ることなくほかの国々との貿易を求めていかなければなりません。この見通しは、かつて戦時下に鎖国状態が用いられた仕方で、軍国としての団結と膨張への道をとることを妨げます。日本に在留する朝鮮人の集団、戦争によって本土の人たちとくらべようもないほどに手痛く打撃を受けた沖縄の住民、原爆によって打たれた記憶をもつ人々、そして否定の形における精神的遺産としての十五年戦争の記憶、これらは戦前の日本人が夢見ることさえできなかった仕方で鎖国状態の伝統をつくりかえることを助けます。戦争中にさかんに声高に唱えられた思想の流儀は、西洋渡来の思想体系と正面から対決するのに十分な力をもつように、不謬の普遍的原理をそなえるものとして日本の伝統を理想化しました。それは日本の伝統を歪めてとらえる結果になりました。実際には日本の伝統は、あらゆる場所とあらゆる時代を通して同じ仕方で人間を結びつけるような、人間を縛るような普遍的断定を避けることを特徴としています。この消極的性格が、日本思想の強みでもあります。普遍的原理を無理に定立しないという流儀が、日本の村に、少なくとも村の中の住民の一人であるならばその人を彼の思想のゆえに抹殺するなどということをしないという伝統を育ててきました。目前の具体的な問題に集中して取り組むことを通して、私たちは地球上のちがう民族のあいだの思想の受け渡しに向かって、日本人らしい流儀で、日本の伝統に沿うたやり方で働くことができるでしょう。それは西洋諸国の知的伝統の基準においてはあまり尊敬されてこなかった、もうひとつの知性のあり方です。

リリアン・ヘルマンは、マッカーシー上院議員の攻撃にさらされた結果、米国知識人のあいだにある自由主義的伝統の薄さに気がつき、むしろ知識人であると否とを問わず、何人もの人たちと彼女が分かちもっている彼女自身のまともさの感覚に寄りかかるようになりました。彼女は、いま私がここで述べたと同じような直感をもっていたのかもしれません。生き方のスタイルを通してお互いに伝えられるまともさの感覚は、知識人によって使いこなされるイデオロギーの道具よりも大切な精神上の意味をもっています。

（1）　リリアン・ヘルマン著、小池美佐子訳『眠れない時代』（サンリオ、一九七九年）。Hellman, Lillian, *Scoundrel Time*, New York, Little Brown and Co., 1976.

（2）Odets, Clifford(1906-63)、「さめて歌え」(*Awake and Sing*, 1935)、「ゴールデン・ボーイ」(*Golden Boy*, 1937)。

（3）Miller, Arthur(1915-)、戯曲「セールスマンの死」(*Death of a Salesman*)、一九四九年。「るつぼ」(*The Crucible*)、一九五三年で、一七世紀の魔女狩りに取材して、彼をとりまく米国の赤狩りをえがいた。

（4）Trumbo, Dalton(1905-76)、一九四七年マッカーシーの赤狩りの中で米国映画界の非協力者一〇人のひとりと名ざされ、聴問会での証言拒否の故に禁錮刑を宣告された。その後、変名で脚本を書き、ロバート・リッチの名で書いた「黒い牡牛」によって五六年度アカデミー原案賞をうけた。六〇年以後本名で書き、七一年には自作の小説「ジョニーは戦場へ行った」を脚色・演出し、カンヌ映画祭審査員特別賞、国際批評家賞を得た。

（5）Hammet, Dashiel(1894-1961)、一四歳から働きはじめ新聞売り子、鉄道雑役夫、荷揚げ人足をへて、一九二九年に長編探偵小説『赤い収穫』を発表。『マルタの鷹』(一九三〇年)、『影なき男』(一九三二年)がともに映画化されて米国第一の人気作家となった。ハード・ボイルド派の草わけ。赤狩りにさいして証言を拒否して入獄。出獄後アルコール中毒となって作品なく死にいたる。

（6）Norman, E. H.,(1909-57)。その全集は、日本でだけ出ている。大窪愿二編訳『ハーバート・ノーマン全集』(岩波書店、一九七七—七八年)。その第四巻のおわりに、大窪愿二「覚書　ハーバート・ノーマンの生涯」がおかれている。

ノーマンがすすんで担い、その重さの故に倒れた政治問題についての分析は、馬場伸也「二つのアイデンティティの狭間で——占領とノーマン」(『アイデンティティの国際政治学』東京大学出版会、一九八〇年)。

英語でのノーマン伝は準備されている模様であるが、これまでのところ、信頼すべきものは、Taylor, Charles, *Six Journeys ; A Canadian Pattern*, House of Anusi Press, 1977 である。(追記。その後 R. W. Bowen Edity, *E. H. Norman : His Life and Scholarship*, University of Toronto Press, 1984. が出た。日本語では中野利子『E・H・ノーマン』リブロポート、一九九〇年が出た。)

(7) Almond, Gabriel Abraham (1911-), The Appeals of Communism, Princeton University Press, 1954.

比較転向論をどこまで学問として成立させることができるかはわからないが、私たちが日本で十五年戦争下におこった出来事を、たとえば木山英雄『北京苦住庵記——日中戦争時代の周作人』(筑摩書房、一九七八年)、益井康一『漢奸裁判史　一九四六—一九四八年』(みすず書房、一九七七年)、D・J・ステインバーグ『第二次世界大戦下のフィリピン人の対日協力』(マニラ、ソリダリダード出版社、一九六七年)などを心において記述してゆくための努力をつづけることはできる。一義的な判断がそこからあらわれてくるとは思えないけれども、共同の記述の場をつくることは望み得る。

(8) 北一輝(一八八三—一九三七)は、明治以後の天皇制を支配層の意図に反して故意に文字どおり一君万民思想として解釈することをとおして中央突破して社会主義国家への道をひらこうとした。権藤成卿(一八六六―一九三七)は、日本古来の支配層の思想の中に含まれている民衆への配慮をひきだして前におくことをとおして現制度改革への道をひらこうとした。『北一輝著作集』全三巻(みすず書房、一九五九、一九七二年)。五十嵐暁郎編著『「北一輝」論集』(三一書房、一九七九年)。北について私ははじめ久野収に教えられた。久野収・鶴見俊輔『現代日本の思想』(岩波新書、一九五六年)。

伝記としては、田中惣五郎『日本ファシズムの源流――北一輝の思想と生涯』(白揚社、一九四九年)、同『増補版北一輝――日本的ファシストの象徴』(三一書房、一九七一年)、渡辺京二『北一輝』(朝日新聞社、一九七八年)、松本健一『若き北一輝』(現代評論社、一九七五年)がある。『権藤成卿著作集』(黒色戦線社)は一九七二年以来第七巻まで刊行された。伝記としては、滝沢誠『権藤成卿』(紀伊国屋新書、一九七一年)、おなじく『近代日本右派社会思想研究』(論創社、一九五五年)がある。

(9) 石川三四郎(一八七六―一九五六)。『石川三四郎著作集』全八巻(青土社、一九七八―七九年)。これに収められなかった文章は『石川三四郎選集』全一〇巻(黒色戦線社、一九七六―七八年)で見ることができる。伝記としては北沢文武『石川三四郎の生涯と思想』全三巻(鳩の森書房、一九七四―七六年)。(追記。大原緑峯『石川三四郎』リブロポート、一九八七年)

(10) 柏木義円(一八六〇―一九三八)。

著作には、『柏木義円集』一巻、二巻(未来社)がある。伝記としては、伊谷隆一『非戦の思想』(紀伊国屋書店、一九六七年)。柏木の出しつづけていた雑誌は、『上毛教界月報』という。

(11) 正木ひろし(一八九六―一九七五)。十五年戦争下に出しつづけた個人雑誌は、正木ひろし『近きより』全五巻(旺文社文庫、一九七九年)として復刻された。伝記に、家永三郎『権力悪とのたたかい――正木ひろしの思想活動』(三省堂、一九七一年)がある。

(12) 桐生悠々(一八七三―一九四一)。個人雑誌『他山の石』(一九三四―四一年)。『畜生道の地球』(三啓社、一九五二年)。『桐生悠々反軍論集』(新泉社、一九六九年)。『桐生悠々自伝』(現代ジャーナリズム出版会、一九七三年)。伝記としては太田雅夫『桐生悠々』(紀伊国屋新書、一九七〇年)、井出孫六『抵抗の新聞人、桐生悠々』(岩波新書、一九八〇年)。

柏木義円、桐生悠々、正木ひろしのように戦時下に個人通信を出しつづけて刀折れ矢つきたというのではなく、軍の圧迫によって執筆の場を失い、その批判を日記に書き続けて戦時中に亡くなった清沢洌《きよし》(一八九〇―一九四五)の『暗黒日記』全三巻(評論社、一九七〇―七三年)がある。(追記。北岡伸一『清沢洌』中公新書、一九八七年)

(13) 辻潤(一八八四―一九四四)。『辻潤著作集』(オリオン出版社、一九七〇年)。伝記に三島寛『辻潤』(金剛出版社、一九七〇年)、玉川信明『評伝・辻潤』(三一書房、一九七一年)。辻潤とその息子辻まこととの思想的血脈を描いたものに折原脩三『「老いる」の構造』(日本経済評論社、一九八一年)がある。

その後福島鋳郎、大久保久雄共編『大東亜戦争書誌』全三巻(日外アソシエーツ、一九八一年)、同『戦時下の言論』全二巻(日外アソシエーツ、一九八二年)が刊行され、戦時下の雑誌論文の総索引を今後の研究では活用することができるようになった。この講義では、その恩恵をうけることができなかった。

あとがき

一九七九年九月から八〇年四月まで、国際交流基金の援助をうけて、カナダのケベック州モントリオール市にあるマッギル大学で講義をした。その前半の英文ノートを日本語になおしてテープに吹きこみ、稲垣すみ子氏におこしていただいたものがこの本である。

もとのノートの内容には手をくわえず、今になって書きくわえたいと思うことは、注の形で書きこむことにした。

話は、相手の影響をうける。一〇人ほどを前にした話だったが、これほど手ごたえのある聴衆を前にしたことは、それまでの私の大学の経験にはなかった。この手ごたえを、話に生かそうと努力をした。

この一年の間に教室に来てくださった人びと、この場所にうけいれてくださったマッギル大学東アジア研究センターのポール・リン、サム・ヌーモフ、ウォード・ゲデス、英文学科のジョウ・ロンズリーの諸教授、モントリオールでのくらしをたのしいものにしていただいたマッギル大学史学部教授太田雄三氏、モントリオール大学東アジア研究センター司書加藤典洋氏に感謝する。

私は一五歳から一九歳の終り近くまで米国ですごした。そこで日米開戦に遇い、捕虜収容所をへて交換船で日本にもどった時には満二〇歳になっていた。戦時の日本は私にとって衝撃だった。その後は戦後も日本に暮らして英語を一度手ばなしたが、もう一度、英語でその時の衝撃をたどりなおし、さらにそれを日本語になおすことをしてみて、日本語と英語とが自分の中でおたがいに対立し、また助けあう経験をもった。

一六歳から一八歳まで、私は米国人のヤングさん一家に同居人としておいていただいた。その記憶は、戦争中も戦後も、私の中に生きつづけている。今度、カナダに滞在している間に、ヤング夫人と二男のチャールズ・ヤング(私の昔の同級生)とがモントリオールにたずねてきて、ほとんど四〇年ぶりに再会した。この間の四〇年が、この本の中に生きていればよいと思う。

私がおいていただいていたころ五人だったヤングさん一家は、今ではヤング夫人とチャールズとの二人だけになった。亡くなった三人(ハント夫人、ケネス、ナンシー)をふくめて、ヤングさん一家にこの本を献呈する。

この本をつくるのに御世話になった稲垣すみ子氏と高村幸治氏とに感謝する。

一九八二年四月一五日

鶴見俊輔

解　説

加藤典洋

本書のもとになったのは、著者あとがきにあるように一九七九年から八〇年にかけてのカナダ・マッギル大学での授業の講義ノートである。わたしはその授業の贋学生の、聴講生だった。同じような聴講生が、鶴見をカナダに呼んだ同大学准教授太田雄三氏(現同大教授)をはじめ、わたしの勤務していたモントリオール大学で非常勤講師をしていた二人のアメリカ人の日本研究者、ロバート・リケット(現和光大学教授)、アラン・ウルフ(元オレゴン大学教授)など、数名いた。また六名くらいいた正規の学生の中に、その後コーネル大学に進んだ辻信一(現明治学院大学助教授)がいた。講義は、秋と冬開かれた。教室は二十五人ほどが座れば一杯になる、小教室だった。

わたしはその前年以来、当時勤務していた国立国会図書館から派遣され、同じモントリオールにあるフランス語圏の大学、モントリオール大学の東アジア研究所で図書施設の拡充の仕事にあたっていた。フランス語での仕事をこなすのに精一杯で、不慣れな英語の授業には半分ついていくのがやっとだった。

鶴見さんは、毎回、綿密な講義ノートを用意し、それを読んだ。時々、顔をあげ、「どう思いますか?」と自分から学生に問いかけたり、話の切れ目になされる学生からの質問に、「ああ、それはね」と答えたりした。

学期の後半にさしかかるあたりから、授業が終わると、大学からまっすぐセントローレンス川に向かう通りを繁華街に向け、降りていったところにあるカフェ、「パンパン」に行き、そこで五、六人、コーヒー、ティーでケーキをぱくつき、歓談するのが恒例となった。

もう十一月のカナダでは、五時ともなれば、空は暗い。街路には雪が凍りついている。そこをわたし達は、終わったばかりの授業で取りあげられた問題などを話しながら、そろそろと歩いていった。

この時、わたしが最初、どんなに鶴見さんにいやがらせめいた質問をしてうるさがらせたか、しかし最後には、世間は広いことを思い知らされて大人しい贋学生になったかということについては、別のところで書いたので繰り返さない(「鶴見俊輔——誤解される権利」)。一つだけ言っておくなら、この授業に出て、わたしは大学の授業というものが人を覚醒しうるものであることをはじめて知った。二年後、カナダから帰国してから、物書きの真似事をはじめたが、現在までにいたるほとんどすべての仕事が、この授業をいまなお、水源にしている。

この講義が類例のないほど、わかりやすく、しかも広い日本近代の精神史の記述となっているのは、一つに、日本のことをまったく知らない、外国の若い学生を相手にしているからである。日本の近代の経験のうちのどういうところが、そういう若いカナダの人間にも関心を抱くに値するものとしてあるのか。鶴見はまずはそういうことを、学生に向かい、語ろうとしている。いきおい、話は大きな輪郭で、「一筆書き」の要領で、取りだされた。

ここには十三の話題が取りあげられているが、著者は、その一つの話題を自分がこれまで書いた数冊の著作をもとに語っている。そういうことが可能なのは、むろん彼が脅威的な博学多読の人であるうえ、希有な大知識人だからでもあるが、ほんと言えば、それ以上に、彼の中で、幼少時からその大知識人まで、内的な時間がとぎれていないからである。この人物の中では、たとえば四歳の時に道端でしゃがんでタンポポの花に見入った時の感情が、そのまま切れずにいまにつながり、現在の老年の感情となっている。そういうことを、この人物を観察していてわたしはひしひしと感じた。(著者は、少年の頃、しゃがんで本屋の下のほうにある本を手に取ったという。面白くて、読み続け、気がついたら夕暮れになっていたそうだ。）

日本の近代の歴史を大きく見ると、最初の区切り目は一八六七年の明治維新である。そこにはじまる近代は、一九〇五年の日露戦争の勝利までの時期と、それ以後に分かれる。さらにそれ以後は、一九三一年の満州事変を境に分かれ、さらにそれ以後は、一九四五年の敗戦を境に分かれる。それ以後は、さらに、一九六〇年の安保闘争で前後に分かれるだろう。それから以後の日本の社会は、精神史ではなく、大衆文化史として、これを追わなくてはもう見えない。これが、この「一筆書き」の筆法に立つ著者の見立てで、そのため、この時の授業は、秋学期、冬学期を通じ、一九三一年から四五年までを語る「戦時期日本の精神史」と、一九四五年以降現在までを語る「戦後日本の大衆文化史」という構えをとった。それをささえているのは、メインカルチャーからサブカルチャーへとシフトをずらしてきた日本社会の動きをどう見るかという、著者の問題関心である。「精神史」と呼ばれているのは“intellectual history”、「大衆文化史」と呼ばれているのは“cultural history”であり、これは、思想の歴史と文化の歴史ということであると同時に、知識人の歴史と大衆の歴史ということでもある。わたしは、最初魚で、次に陸に上がり逃がれていくものを、自分も魚になり、陸に上がって追跡していく狩猟者を思い浮かべる。著者が言うには、この二つを複眼的に見る一つの身体がなければ、近現代の日本の歴史はたどれない。

しかしその複眼があれば、逆に一八六七年以降の近代の歴史は、単に近代史にとどまらず、この列島の古代からの「一筆に」描かれた歴史のつながりのうちに、見えてくるはずである。

そこから、たとえば、日本が満州国建国で採用した傀儡政権というあり方は、古代以来、執権政治的な実権者統治の歴史をもつ近代日本の創案にかかり、その後イタリア、ドイツ、さらに戦後はソ連、アメリカに踏襲される、日本発の世界史的創作物ではないだろうか、一九二三年の関東大震災における朝鮮人虐殺は、日韓併合という慣れない異民族支配の事態に一九一〇年来日本の大衆が漠然と感じていた「うしろめたさ」があっての暴発ではなかっただろうか、また転向という近代日本が生んだ精神史的概念は、二〇世紀の世界史的動向を見る上でかなり有効な作業上の概念ではないだろうか、――そういう著者ならではの創見が、生まれてくる。しごく控えめに、誰もがそれまで言っていないことが、本書には、ぽつり、ぽつりと語られている。

この本がものを考える手本として教えるのは、生きること、書くこと、考えることの、呼吸の間合いである。

著者の呼吸とはどういうものか。

どんなこともある個人が語るというのである限り、中心をもつ円の弧の形をしている。つまり、書く人はあることを語ろうとするのだが、自分の言いたいことを言おうとする余り、しばしば何が本来語られなければならないかという限定をはみ出て、〝小回り〟してしまう。あることを語るには、腹八分ではないが、語り残しがあることが大切だ。それは、次に書くもので語ればよい。それが著作のリズムを作ることになる。指離れのよいキーボード、子離れのよい母親のように、自分の考えに余りにとらわれずにあるところで、自分の考えと別れること。そういうことを、わたしは著者の口から聞いたことはないが、その呼吸を、著者の身ぶりを見ていて、教わった。

自分自身が大学で教えるようになってから、一度、この本を教材にして授業をしたことがある。その時はうまく使いきれなかったが、わたしはこの本を、何も知らない、「異星人のような」、いまの若い読者に、読んでもらいたい。この本は、わたしにとってそうだったように、若い読者にとって、ものを考える上で、「とても遠いところまで連れていく入り口」になりうる。それと同時に、わたしは、わたし自身、それほど英語が得意ではないのだが、この本を、最初に準備された英語の版のまま、日本の若い読者に読んでもらうのがよいと思う(英語の版はイギリスの書店から出ている)。たとえばここに出てくる「鎖国性」の原語は“self-containment”で、個人に根をもつ問題であることがその言葉に含意されている。また最後に出てくるリリアン・ヘルマンの言葉「まともさ」の原語は、“decency”で、この言葉の指す人間の要素が、英語の世界ではより堅固な形で把握されていることがわかる。

久しぶりに本書を読んで、わたしには、以前はそれほど注意しなかったところが、面白かった。五島列島のキリシタンの言い伝えでは、聖書のイエスの話が変形され、父なる神がイエスに、ヘロデ王による幼児虐殺がお前のせいで起こったのだから、そのために死んだ四万四千四百四十四人の死者のことを考え、身を捨てよ、と教え諭す。また、文明のハシゴを上る形で外国につながるという仕方そのものの中に、実は古代から変わらない日本の鎖国性が生きている。そのため、最新思想の移入より小さな住民運動の芽生えの方に、これを壊す力がある。また、鎖国的な体制の中での抵抗は、鎖国の中の鎖国として現れることが多く、しばしばそれ自体が中途半端な形に終わっている。したがって、それを冷笑することはたやすいが、それを面白がること、それにほほう、と目を向けることが大事だ。そんな言葉が、目に沁みた。

鶴見さんは、この授業を行う間、質素なアパルトマンに一家で住んでおられた。冬学期の授業の最後の機会に、お宅で小さなパーティを行い、学生みんなで寄せ書きをしたのだが、その時、その真ん中にまず、「信信信也／疑疑亦信也」と書いた。信じることを信じること、それが信ということだが、自分の疑いをさらに疑うことによっても、人は信にいたる。荀子の言葉だという。

はじめて講義ノートをお借りし、それを読むことで授業の全容にふれてから、二十年以上がたつ。でも、いまもなおこの本はわたしに教えることをやめない。

（文芸評論家・明治学院大学教授）

本書は一九八二年五月、岩波書店より刊行された。
底本には同時代ライブラリー版(一九九一年一〇月、岩波書店)を用いた。

戦時期日本の精神史 1931〜1945年

2001年4月16日　第1刷発行
2023年8月4日　第12刷発行

著　者　鶴見《つるみ》俊輔《しゅんすけ》

発行者　坂本政謙

発行所　株式会社 岩波書店
〒101-8002 東京都千代田区一ツ橋2-5-5
案内 03-5210-4000　営業部 03-5210-4111
https://www.iwanami.co.jp/

印刷・精興社　製本・中永製本

ISBN 978-4-00-600050-9　Printed in Japan

岩波現代文庫創刊二〇年に際して

二一世紀が始まってからすでに二〇年が経とうとしています。この間のグローバル化の急激な進行は世界のあり方を大きく変えました。世界規模で経済や情報の結びつきが強まるとともに、国境を越えた人の移動は日常の光景となり、今やどこに住んでいても、私たちの暮らしは世界中の様々な出来事と無関係ではいられません。しかし、グローバル化の中で否応なくもたらされる「他者」との出会いや交流は、新たな文化や価値観だけではなく、摩擦や衝突、そしてしばしば憎悪までをも生み出しています。グローバル化にともなう副作用は、その恩恵を遥かにこえていると言わざるを得ません。

今私たちに求められているのは、国内、国外にかかわらず、異なる歴史や経験、文化を持つ「他者」と向き合い、よりよい関係を結び直してゆくための想像力、構想力ではないでしょうか。

新世紀の到来を目前にした二〇〇〇年一月に創刊された岩波現代文庫は、この二〇年を通して、哲学や歴史、経済、自然科学から、小説やエッセイ、ルポルタージュにいたるまで幅広いジャンルの書目を刊行してきました。一〇〇〇点を超える書目には、人類が直面してきた様々な課題と、試行錯誤の営みが刻まれています。読書を通した過去の「他者」との出会いから得られる知識や経験は、私たちがよりよい社会を作り上げてゆくために大きな示唆を与えてくれるはずです。

一冊の本が世界を変える大きな力を持つことを信じ、岩波現代文庫はこれからもさらなるラインナップの充実をめざしてゆきます。

（二〇二〇年一月）